APRENDE A
# Ganar
# Tiempo

APRENDE A
# Ganar Tiempo

Reduce el estrés
Alcanza tus objetivos
Vive con plenitud

LUCY MACDONALD

ONIRO

Título original: *Learn to Make Time*
Publicado en inglés por Duncan Baird Publishers Ltd

Traducción de Nuria Martí

Ilustración de cubierta: Tatsuro Kiuchi

© 2006 de todas las ediciones en lengua española: Ediciones Oniro, S.A.

© de esta coedición para Argentina, Uruguay, Paraguay y Chile:
Editorial Paidós, S.A., Defensa 599, Piso 1º - Buenos Aires - Argentina
ISBN: 950-12-5332-5

© de esta coedición para México: Editorial Paidós Mexicana, S.A.
Rubén Darío 118, Col. Moderna - 03150 México D.F. - México
ISBN: 968-853-636-9

© de esta coedición para España y resto de países: Ediciones Oniro, S.A.
Muntaner 261, 3.º 2.ª - 08021 Barcelona - España
(oniro@edicionesoniro.com - www.edicionesoniro.com)
ISBN: 84-9754-223-1

Impreso en Malaysia - *Printed in Malaysia*

A mi padre, Bernard Filliol,
que me enseñó mi primera
y más importante lección
sobre cómo programar
el tiempo

y

a mi madre, Aline Filliol,
que me enseñó
lo importante que era
reservarme un tiempo
para mí.

# ÍNDICE

# INTRODUCCIÓN

A todos nos ha pasado alguna vez. Buscamos por toda la casa las llaves del coche y después de encontrarlas salimos corriendo porque vamos a llegar tarde a una cita, pensando en el desorden que acabamos de dejar atrás, preguntándonos cuándo tendremos tiempo para llevar la ropa a la tintorería, preocupándonos por si acabaremos a tiempo el proyecto que estamos realizando en el trabajo, enojándonos porque el conductor que circula delante de nosotros se mueve con demasiada lentitud... ¡Date prisa, date prisa!, nos decimos tanto a nosotros mismos como a los que nos rodean. Parece que el mundo entero se haya puesto en contra nuestra. Nos sentimos estresados, disgustados y resentidos.

Desde que nos levantamos por la mañana hasta que nos acostamos al final del día, estamos pensando en lo que tenemos que hacer y preguntándonos por qué no tenemos tiempo para realizarlo todo. Nos despertamos en medio de la noche preocupados por cuándo tendremos tiempo para realizar la interminable lista de «Cosas por hacer». Y cuando surge un problema inesperado, nos damos por vencidos y nos desesperamos creyendo que nunca lograremos ponernos al día.

> «El tiempo perdido nunca vuelve a recuperarse.»
>
> **BENJAMIN FRANKLIN**
> **(1706-1790)**

Si esta situación te resulta familiar, no eres el único al que le ocurre. Vivimos en una época ávida de tiempo, siempre vamos apresurados, con el tiempo justo. La gente está agotada y agobiada, no le queda tiempo para charlar, salir a pasear o esperar pacientemente a que su hijo acabe de cenar.

En la actualidad disponer de tiempo es todo un lujo. Los hombres y las mujeres del mundo moderno —e incluso los niños— experimentan unos ni-

veles cada vez más elevados de estrés por la falta de tiempo. El estrés crónico se ha vinculado a una pobre salud física y psicológica.

Todos tenemos las mismas 24 horas en el banco del tiempo diario. El
tiempo siempre es el mismo, por eso lo que hemos de hacer es decidir emplearlo de otras formas. Planificar el tiempo consiste en tomar las decisiones adecuadas para vivir de la forma que deseas hacerlo. Si ahora estás
llevando este estilo de vida, es porque has decidido organizar tu tiempo de
una determinada manera. Pero si deseas vivir de otro modo, has de orga-
nizarlo de una manera distinta. Si no estás convencido de ello, sólo has de
fijarte en las personas que conoces que han triunfado en la vida y observar
cómo emplean su tiempo.

Mi propia vida es un ejemplo de cómo al planificar mi tiempo, he podido alcanzar mis objetivos. El primer recuerdo que tengo de lo importante que es
saber administrar el tiempo se remonta a cuando yo tenía cinco años y nació
Robbie, mi hermano pequeño. Por fin había llegado el esperado día en que
iban a traerlo a casa, y la tan deseada fiesta de bienvenida en la que yo con-
taba estar. Mi padre me dijo que me apresurara porque íbamos a salir pronto.
Yo estaba tan excitada que me pasé mucho tiempo intentando elegir la ropa
perfecta para el importante acontecimiento, pero cuando por fin estuve lista
descubrí que todos se habían ido sin mí. Me quedé desolada. Este episodio
me impresionó tanto que hasta el día de hoy odio llegar tarde a alguna parte.

Mi madre también jugó un papel fundamental al enseñarme a organizar
mi tiempo. A pesar de tener ella cinco hijos, trabajaba en una época en la
que la mayoría de las madres sólo eran amas de casa. Lograba que las cosas funcionaran con fluidez al seguir una rutina y ser una experta en delegar tareas, reclutándonos a los cinco hermanos para que la ayudásemos
en los quehaceres diarios.

He aprendido a organizar mi tiempo a base de ir probando y de cometer
errores. Cada etapa de mi vida me ha planteado distintos retos en cuanto

al tiempo y he tenido que adaptarme a ellas. Aprendí a organizar mi tiempo cuando me convertí en una madre con cuatro hijos que se llevaban diez años de diferencia del mayor al menor. Comprendí enseguida que si no planificaba muy bien cada día, mi familia viviría en un caos. También descubrí que era esencial poner en práctica el único consejo que recibí de mi madre sobre la crianza de los hijos: «Cuando necesites tener tiempo para ti, tomátelo, porque nadie más te lo va a dar».

Fue al volver a la universidad, a los treinta y nueve años, cuando mis hijos tenían ya de 8 a 18 años, cuando aprendí a organizar mi tiempo a la perfección. Fui a la universidad durante seis años —en invierno, primavera, verano y otoño— y me licencié en Psicología y me doctoré en Psicología educativa y orientativa. Para poder licenciarme utilicé todas las técnicas que presento en este libro. Sabía lo que deseaba alcanzar, me fijé unos objetivos, creé un plan para cada semestre y viví siguiendo un programa diario y semanal. Aprendí a no dejar las cosas para más tarde y a afrontar los problemas y las situaciones que te hacen perder tiempo. Utilicé mi programa diario como un mapa que me ayudaba a alcanzar mis objetivos: incluso en la actualidad lo sigo haciendo.

Después de licenciarme abrí una consulta privada como psicóloga y me dediqué a dar seminarios, mi habilidad para planificar el tiempo eficazmente volvió a serme de gran utilidad. Al trabajar como autónoma, el tiempo es esencial para poder ganarme la vida: una mala organización del mismo se habría reflejado enseguida en mi libro de cuentas.

Sin embargo, no desearía dar la impresión de que siempre planifico bien mi tiempo, ya que no es así, sobre todo en las situaciones nuevas, pero sigo intentando conseguirlo porque creo que al perder el tiempo estoy malgastando mi vida. Siempre que tengo dificultades, me comprometo de nuevo a emplear el tiempo sabiamente revisando el objetivo y las metas de mi vida.

El tiempo es un recurso sumamente valioso y emplearlo bien te ayudará a alcanzar tus objetivos y sueños. *Aprende a ganar tiempo* es una detallada y sencilla guía que resulta útil para cualquier persona: desde un niño hasta un jubilado, en el colegio, en casa o en el trabajo.

Espero que utilices esta obra para liberarte: de las crónicas prisas de la vida diaria, del miedo a perder el tiempo y de la tiranía de tener demasiadas cosas por hacer sin disponer de las suficientes horas para ello.

En el fondo, tu forma de emplear el tiempo refleja cómo vives tu vida, así que empléalo sabiamente.

Lucy MacDonald

# 1

# Comprendiendo el tiempo

«¡O jalá tuviera más tiempo!» es una queja muy común. Aunque no podamos aumentar las horas que tiene el día, podemos decidir qué es lo que vamos a hacer con ellas. El primer paso para volver a recuperar el control de tu vida es comprender en qué consiste planificar bien el tiempo y cómo esta habilidad te ayudará a disminuir el estrés que causa la falta de tiempo.

En este capítulo descubrirás todo cuanto necesitas saber para empezar a planificar tu tiempo. Aprenderás a ver cómo lo empleas y a invertir tu energía en las actividades más productivas y gratificantes. Haz el test «Averigua si vas con prisas» para saber si has contraído la «enfermedad de las prisas», y sigue después los prácticos consejos que te ofrezco para bajar el ritmo y disfrutar un poco más de la vida.

13
14
15

# LAS DISTINTAS CLASES DE TIEMPO

S i yo te detuviera en medio de la calle para preguntarte «¿Qué hora es?», seguramente consultarías tu reloj de pulsera y me dirías la hora que es. ¿Pero qué ocurriría si en realidad te preguntara: «Qué es el tiempo»? Si no eres capaz de responder a esta pregunta enseguida, no eres el único al que le ocurre. El concepto del tiempo ha puesto a prueba a los mejores pensadores a lo largo de la historia.

En el siglo XVII Isaac Newton propuso la idea de que el tiempo es absoluto: un proceso universal y estable que todo el mundo experimenta en todas partes del mismo modo. Pero Albert Einstein desafió la idea del tiempo de Newton con su teoría general de la relatividad, afirmando que el tiempo es relativo y depende de lo deprisa que estemos viajando.

**«¿Qué es, por tanto, el tiempo? Yo sé lo que es, pero cuando quiero explicárselo a alguien que me lo pregunta, no sé cómo hacerlo.»**

**SAN AGUSTÍN (354-386 D. C.)**

Otra forma de intentar comprender qué es el tiempo es echando un breve vistazo a la horología, el estudio de la medición del tiempo. A lo largo de la historia las distintas civilizaciones han estado observando las estrellas, el ciclo de las estaciones y el movimiento del día convirtiéndose en noche, e ideando igeniosas formas para medir el paso del tiempo. Los calendarios egipcios de una época temprana se basaban en los ciclos de la luna y fueron evolucionando hasta convertirse en un calendario formado por 365 días hacia el año 4300 a. C. A partir de 1582 casi todo Occidente adoptó el calendario gregoriano y en la actualidad es el calendario civil más utilizado.

El reloj de arena, cuyo origen se remonta al siglo XI, se utilizó para medirlo todo, desde la velocidad de un barco hasta la duración del sermón de un predicador. En el siglo XIV se fabricaron en Europa relojes mecánicos con pesas o muelles. La llegada de esta clase de relojes marcó el cambio entre observar simplemente el paso del tiempo a obtener una precisa calibración del mismo. Los relojes se fueron perfeccionando con la creación del reloj de péndulo en el siglo XVII. Con cada generación de relojes, la medición del tiempo fue volviéndose más precisa. Al inventarse el reloj de pulsera, la medición del tiempo se convirtió en un elemento portátil y la producción en masa de esta clase de relojes posibilitó que todo el mundo tuviera acceso a él. En la actualidad existe el reloj atómico de cesio que mide el tiempo casi a la perfección. Este reloj, que sólo se desfasa un segundo cada veinte millones de años, ¡es mucho más preciso de lo que la mayoría de nosotros pudiéramos nunca necesitar en nuestra vida cotidiana!

## Cómo experimentamos el tiempo

Los antiguos griegos conceptualizaban el tiempo como *chronos* o *kyros*. *Chronos* es el tiempo de un reloj medido en segundos, minutos y horas, y constituye la raíz de las palabras «cronología» y «cronológico». *Kyros* es la intemporalidad, el vivir en el momento presente, la sincronicidad y el *carpe diem*: aprovecha el día. *Chronos* y *kyros* representan la cantidad y la calidad, unas propiedades que reflejan en qué consiste la lucha con el tiempo. Mientras que *chronos* se ciñe a un ritmo objetivo, *kyros* varía porque es subjetivo y puede ser tanto una experiencia positiva como negativa. Por ejemplo, los 45 minutos que uno pasa en la silla del dentista transcurren mucho más despacio que cuando se está leyendo un libro fascinante.

¿Cómo podemos experimentar más el tiempo positivo de *kyros* y menos el de *chronos*? Hacer una sola cosa cada vez, negarnos a vivir una vida con una agenda demasiado llena y reservar tiempo para dedicarlo a las personas y las actividades importantes de nuestra vida es el secreto que nos ayudará a equilibrar la cantidad y la calidad de nuestro tiempo.

# ¿EN QUÉ CONSISTE
# PLANIFICAR EL TIEMPO?

**13**

**14**

**15**

Planificar el tiempo es realmente un término engañoso, ya que es imposible controlarlo, porque no cesa de transcurrir por más que hagas o dejes de hacer. Lo más importante es aprovechar al máximo el tiempo del que dispones, para poder cumplir con tus necesidades y responsabilidades. Has de asegurarte de que estás utilizando el tiempo tal como deseas. No saber planificarlo puede hacer que vayas siempre apresurado y acosado por la falta de tiempo.

En realidad, planificar el tiempo significa administrarte a ti mismo. Todos podemos decidir emplearlo mejor. Piensa en alguien que conozcas que lo emplee bien. ¿Cómo lo describirías? ¿Como una persona organizada, productiva, competente, feliz y serena? Esto es lo que la planificación del tiempo puede hacer por ti.

Planificar el tiempo a diario consiste en encontrar un sistema que te ayude a controlar mejor las 24 horas del día para poder equilibrar los papeles que desempeñas en tu vida y emplear tu tiempo realizando las cosas que deseas y que debes hacer. Hay muchos sistemas para planificar tu tiempo, desde las sencillas agendas de papel hasta los ordenadores y las agendas electrónicas más novedosas (hablaré de ellos con más detalle más adelante, véanse pp. 68-71). Tal vez prefieras un sistema u otro, dependiendo de tus circunstancias y de la etapa de la vida en que te encuentres, de manera que no temas abandonar un método que ya no te funciona para experimentar con otro a medida que tus necesidades cambien.

27

28

29

No existe una sola fórmula para planificar el tiempo. Depende de aquello que sea más importante para ti: este libro te ayudará a descubrir cuáles son tus valores y metas en la vida, tanto a corto como a largo plazo. Pero sea cual sea el método que elijas, ¡el secreto está en utilizarlo!

Las personas que triunfan en la vida reconocen que la planificación del tiempo es esencial para alcanzar los objetivos, tanto personales como profesionales, que uno se fija. Aprender a aprovechar el tiempo con eficiencia y eficacia es una importante herramienta en la vida que te ayudará tanto en casa como en el trabajo a alcanzar aquello que es importante para ti y te permitirá llevar la vida con la que soñabas.

# LOS BENEFICIOS DE
# PLANIFICAR EL TIEMPO

Al planificar tu tiempo la calidad de tu vida mejorará. Imagina que despiertas sabiendo que vas a realizar las tareas del día con el mínimo estrés. ¿A quién no le gustaría conseguirlo?

**Disminuye el estrés y la ansiedad:** la mayor parte del estrés diario está relacionado con la falta de tiempo: con tener que hacer muchas cosas en demasiado poco tiempo. Programar el tiempo del que dispones te ayudará a eliminar el estrés crónico, el cual a lo largo de las semanas, los meses y los años acaba convirtiéndose en una resbaladiza pendiente que lleva al *burnout* y a la depresión. Reduce los niveles de estrés y ansiedad incluyendo algunos ejercicios de relajación en tu agenda.

## Las falsas ideas sobre la planificación del tiempo

Quizá nunca hayas intentado planificar tu tiempo porque no crees tener tiempo para ello. Tal vez lo has intentado, pero has acabado empleando un sistema lento que requiere mucho tiempo. La verdad es que para organizarte necesitas invertir al principio un poco de tiempo: para trazar un plan, programar y decidir cómo deseas emplear el tiempo. Pero una vez hayas establecido la base, podrás poner tu plan en marcha cada día en menos de diez minutos.

Aunque los mejores planes para aprovechar el tiempo suelan ser los más sencillos, no siempre consisten sólo en tener sentido común. Por ejemplo, ¿estás realmente alcanzando tus objetivos? ¿Pero qué me dices? ¿Que no tienes objetivos? En este caso lo primero que debes hacer es averiguar cuáles son. ¿Empleas el tiempo sabiamente o a tu cuenta del tiempo le falta poco para estar en números rojos? Aparte de fijarte un plan, también necesitas ser organizado o disciplinado cada día para ponerlo en práctica.

¿Has oído alguna vez decir a alguien: «Si planifico mi tiempo pierdo la motivación que me produce trabajar bajo presión»? Tener la suficiente presión que te motiva a llevar a cabo las cosas no es lo mismo que dejarte llevar por el pánico porque la fecha límite está a punto de llegar. Dejar las cosas para más tarde nunca es bueno y el estrés crónico que causa tener que trabajar febrilmente para ponerte al día mientras la fecha límite se acerca no es sano.

Si te preocupa que al aprender a planificar tu tiempo te vuelvas inflexible y pierdas el sentido del humor y la espontaneidad, significa que no has entendido bien en qué consiste, ya que estructurar el tiempo significa reservarte unas horas para ir al cine, dar un paseo o leer un best seller. ¿Deseas tener más tiempo y más espontaneidad? Resérvate entonces varias horas cada mes sin fijarte planes ni objetivos y observa adónde te lleva el tiempo libre: haz lo que te dicte el corazón.

**Aumenta la satisfacción personal:** ¿cuándo fue la última vez que sentiste «haber hecho bien tu trabajo»? No saber emplear el tiempo con eficacia te deja insatisfecho, te hace tener una mala imagen de ti y pensar negativamente. Programa el tiempo que necesitas para realizar tu trabajo y resérvate un poco más de tiempo por si acaso hay alguna interrupción o retraso inesperado.

> «Si empiezas primero haciendo lo que es necesario y después lo que es posible, de pronto descubrirás que estás llevando a cabo aquello que era imposible.»
>
> **SAN FRANCISCO DE ASÍS**
> (1181/2-1226)

**Tú eres el que controla tu vida:** ésta es tu vida, la única que tienes para vivir (por lo que yo sé). Controlar cómo empleas el tiempo te permite llevar la vida que has elegido. Escribe una lista en tres columnas: «Lo que debo hacer», «Lo que debería hacer», «Lo que me gustaría hacer». La lista de «Lo que debo hacer» incluye las actividades imprescindibles, como ganarte la vida y ocuparte de tus hijos. Evalúa la columna de «Lo que debería hacer» y observa cuántas cosas podrías eliminar de las que hay en ella. Añade ahora algunos elementos más en la lista de «Lo que me gustaría hacer».

**Equilibra tu vida:** planificar tu tiempo te ayuda a equilibrar la vida laboral con la personal. Al reservarte un tiempo para ti estás haciendo hincapié en que el tiempo personal es tan importante como el laboral.

**Sé más productivo:** planificar tu tiempo te ayuda a llevar a cabo más cosas en el tiempo fijado porque te permite concentrarte en lo que tienes entre manos sin preocuparte de que deberías estar haciendo alguna otra cosa.

**Realiza primero aquello que es importante para ti:** al utilizar un buen sistema para planificar tu tiempo, no sólo harás más cosas, sino que además podrás analizar por qué estás haciendo determinados trabajos y tareas y concentrarte en aquello que es importante y gratificante para ti.

# Programa
## tu tiempo

**Algunos días puede parecerte que no has hecho demasiadas cosas. Para descubrir cómo empleas el tiempo, haz este ejercicio, te ayudará a enumerar las diversas actividades, tareas y responsabilidades que tienes a lo largo del mes.**

**1.** Escribe en una hoja de papel las distintas funciones que desempeñas en la vida, por ejemplo: de marido, padre, hija, empleado, voluntario, amigo, etc.

**2.** Coge otra hoja de papel, divídela en dos columnas y encabézalas con la función que desempeñes. Y debajo de cada una de las funciones escribe la lista de actividades relacionadas con ellas. Por ejemplo, bajo la función de «padre» puedes escribir: «leer un cuento a mis hijos cuando se van a la cama» y «llevar a los niños a un partido de fútbol». Asegúrate de incluir además actos sociales, como quedar con los amigos, ya que estas actividades también requieren tiempo.

**3.** Actualiza la lista a diario, si no te resulta práctico, hazlo al menos dos veces por semana.

**4.** Al cabo de un mes repasa la lista y asigna un número del 1 al 5 a cada actividad, tarea y responsabilidad: el 1 corresponde a la más importante y el 5 a la de menor importancia.

**5.** Analiza los resultados. ¿Cuántos 1 tienes? ¿Cuánto tiempo pasas haciendo las actividades marcadas con este número? ¿Y cuántos 5 hay? ¿Cuánto tiempo tardas en llevarlas a cabo?

**6.** Evalúa si las actividades, tareas y responsabilidades son realmente necesarias, empezando por las menos importantes. ¿Qué pasaría si las abandonaras? Este ejercicio te ayudará a eliminar las actividades poco importantes y a dedicar más tiempo a aquellas que lo sean.

# LAS PRISAS

Todo el mundo parece ir apresurado. Dondequiera que vayamos vemos los efectos de la «enfermedad de las prisas»: la gente se enoja cuando ha de esperar en una cola, los motoristas tocan el claxon cuando el conductor que tienen delante no circula lo suficientemente deprisa. Tú mismo puedes haber sucumbido a la «enfermedad de las prisas» si descubres que siempre te falta tiempo, que tienes tantas cosas por hacer que las realizas lo más deprisa posible o que te enojas por cualquier clase de retraso.

En los años cincuenta los cardiólogos Meyer Friedman y Ray Rosenman acuñaron el término «enfermedad de las prisas» al estudiar los diferentes tipos de personalidad. Como resultado de sus investigaciones identificaron dos tipos de personalidad, que llamaron «A» y «B». Las personas «Tipo A» se caracterizan por ser impacientes, hostiles, competitivas, tensas y agresivas.

El doctor Li Jing L. Yan, ampliando el estudio de Freidman y Rosenman, estableció un patrón de conducta del «Tipo A» que se caracteriza por tres rasgos principales: prisas/impaciencia, hostilidad y competitividad. En el 2002 el doctor Li Jing L. Yan descubrió que de los 3.000 hombres y mujeres que había estudiado, los que durante la veintena habían estado yendo con prisas e impacientándose eran dos veces más propensos a padecer hipertensión al cabo de quince años que las personas que se tomaban las cosas con más calma. La hipertensión es un importante factor de riesgo que ayuda a desarrollar enfermedades del corazón, un infarto cerebral o ambos trastornos.

## La personalidad relajada

Friedman y Rosenman desarrollaron también el perfil de una personalidad a la que llamaron «Tipo B». Las personas «Tipo B» son capaces de trabajar sin angustiarse ni alterarse, son pacientes con los retrasos y se relajan sin sentirse culpables por ello. Las siguientes sugerencias te ayudarán a desarrollar una personalidad característica del «Tipo B»:

- Concéntrate en hablar despacio y detente brevemente entre cada frase: darás la imagen de ser una persona más reflexiva y menos agresiva.
- Participa en actividades que comporten movimientos lentos, como el taichí o el dibujo, para aprender a valorar las acciones lentas y deliberadas.
- No te tomes a pecho los retrasos, ya que forman parte de la vida y la mayoría de veces no tienen nada que ver contigo (a no ser, como es natural, que no te hayas reservado el suficiente tiempo).

Vivir constantemente estresado por la falta de tiempo es perjudicial para la salud. Sentirse constantemente apremiado por la falta de tiempo debilita el sistema inmunológico, causa dolores musculares, insomnio y dolores de cabeza, y aumenta el riesgo a sufrir depresiones y ansiedad. El estrés causado por las prisas y la hostilidad disminuye el riego sanguíneo a los músculos del corazón, y los estudios han demostrado que los efectos provocados por las prisas pueden derivar en un infarto.

Al igual que ocurre con tantos otros problemas, podemos modificar y resolver el problema de las prisas. Resérvate un tiempo para hacer actividades que requieren bajar el ritmo. Visita una galería de arte, escucha a alguien sin interrumpirle, haz sólo una cosa cada vez o aprende a meditar. Practica la paciencia al esperar en una cola: la famosa técnica de «contar hasta diez» es rápida y fácil de usar en esta clase de situaciones. Como es natural, es importante que te asegures de reservarte el suficiente tiempo para hacer tus tareas ante todo. Evalúa el tiempo que tardarás en llevar a caba cada una de ellas y resérvate un poco más de tiempo para compensar posibles retrasos, como los embotellamientos. Siempre que te sea posible, ve andando en lugar de coger el coche, porque caminar es un buen ejercicio y te ayudará a eliminar el estrés.

**«Aunque siempre esté apurado de tiempo, nunca voy con prisas.»**

**JOHN WESLEY (1703-1791)**

Practica la respiración abdominal, que consiste en utilizar el diafragma al respirar. Para sentir cómo es esta clase de respiración, pon la mano derecha sobre el abdomen y la izquierda sobre el pecho. Inhala lentamente por la nariz dejando que el abdomen se expanda. La mano derecha ha de moverse hacia fuera mientras inhalas y la izquierda ha de permanecer relativamente quieta. Practica ahora esta clase de respiración sin utilizar las manos. Es un método excelente para reducir el estrés en casi cualquier situación. Puedes probarlo la próxima vez que estés en una cola. También es una maravillosa técnica de relajación para enseñar a los niños.

# Averigua si vas con prisas

**Haz este test para descubrir si te encuentras en la zona verde, la amarilla o la roja. Responde a cada pregunta y puntúate según la siguiente escala: 0 = nunca 1 = pocas veces 2 = casi siempre 3 = siempre. Suma después los puntos y descubre en qué zona estás.**

- Camino deprisa.
- Hablo deprisa.
- Soy impaciente con los que hablan despacio.
- Interrumpo a los demás mientras hablan.
- Me gusta ser el primero en la cola.
- Me impaciento al tener que esperar.
- Como rápidamente y a menudo ni siquiera disfruto de la comida.
- Hago más de una cosa a la vez.
- Soy nervioso.
- Intento acabar el trabajo lo más rápido posible.
- Los trámites de las oficinas me impacientan.
- Cuando estoy comprando y suelo olvidarme de algo, me enojo.

**Tu puntuación**

**Zona verde** = 0 a 12
Te encuentras en la zona de los «sin prisas». Pero si en alguna pregunta has obtenido un 2 o un 3, intenta tomarte esta clase de situaciones con más calma.

**Zona amarilla** = 13 a 24
¡Ve con cuidado! Intenta ir con menos prisas, es decir, haz las cosas disponiendo de más tiempo.

**Zona roja** = 25 o más
¡Detente! Vas con demasiadas prisas, si sigues llevando este ritmo acabará teniendo unas serias consecuencias para tu bienestar. Necesitas disponer de más tiempo y tranquilidad.

# EL PRINCIPIO DE PARETO

¿Te has dado cuenta de que cerca del 80 % de las decisiones tomadas proceden del 20 % del tiempo que has dedicado a tomarlas, que el 80 % de las llamadas telefónicas las haces a un 20 % de las personas que hay en tu vida, y así sucesivamente? El método Pareto (llamado como Vilfredo Pareto, su inventor), conocido también como la regla del 80-20, se basa en la idea de que el 20 % del tiempo y el esfuerzo generan el 80 % de los resultados. Naturalmente el corolario también es cierto: el 20 % de los resultados exige un 80 % de tiempo y esfuerzo.

J. M. Juran, un experto en el campo de la gestión de la calidad, describió el 20 % del tiempo y el esfuerzo como las «pocas actividades vitales», y el 80 % como «las numerosas actividades triviales o útiles». Cuando estás funcionando según las «numerosas actividades triviales» (la zona del 80 %), lo más probable es que te quejes por la falta de tiempo, que hagas tareas que no te interesan o que no se te dan bien, o cosas que no estén relacionadas con tus metas a corto o a largo plazo. En cambio, estás funcionando según las «pocas actividades vitales» (la zona del 20 %) cuanto estás muy interesado en algo, eres hábil en lo que estás haciendo, aprovechas tu creatividad y contribuyes a alcanzar las metas que te has fijado a corto o a largo plazo.

**Concéntrate en el 20 %, lo más importante**: la regla del 80-20 te ayuda a dejar de estar ocupado por el simple hecho de estarlo y a concentrarte en los resultados. Utiliza la lista de tus «pocas actividades vitales» (véase el ejercicio 3, p. 27) cuando las «numerosas actividades triviales» te aparten de tus objetivos o cuando surja alguna crisis. Después de una crisis utiliza la lista para asegurarte de no desaprovechar en lo más mínimo el tiempo de la zona del 80 %.

**80%** **20%**

# Escribe un diario de cómo empleas el tiempo

Este ejercicio, concebido para ayudarte a saber qué actividades pertenecen a la división del 80 o del 20 %, consiste en anotar y evaluar durante siete días la relativa importancia de cada una de ellas. Para hacerlo necesitas un diario o una libretita, un bolígrafo y una hoja de papel.

**1.** Anota en el diario o en la libretita las horas del día, desde que te levantas hasta que te acuestas, de toda una semana en periodos de quince minutos.

**2.** Escribe cada noche cómo has empleado las horas del día. Asegúrate de incluirlo todo, por más trivial que la actividad te parezca. Hazlo durante toda la semana.

**3.** Repasa en qué has empleado el tiempo. Traza ahora, en la hoja de papel, dos columnas. Titula una de ellas «Personal» y la otra «Laboral», y distribuye tus actividades de la semana según la columna a la que pertenezcan. (Tanto si trabajas en la oficina o en casa como si eres un ama de casa, trabajas).

**4.** Decide qué actividades pertenecen a la zona del 80 % y cuáles a la del 20 %. Por ejemplo, si vendes cestitas con regalos desde tu casa, pero tardas dos horas al día en llenarlas, ¿estas dos horas están haciendo progresar tu negocio? No. Anota por tanto esta actividad en la columna de las «numerosas actividades triviales». Una actividad laboral que tenga que ver con las «pocas actividades vitales» podría ser contactar con los clientes para asegurarte de que han quedado satisfechos con el pedido que te hicieron.

**5.** Cuando tengas una clara idea de cómo empleas el tiempo, céntrate más en las «pocas actividades vitales» y reduce las «numerosas actividades triviales» que haces.

# 2

# ¿Qué es lo que te lo impide?

Algunos de los mayores y más comunes obstáculos que nos impiden administar el tiempo con eficiencia son la dilación (dejar las cosas para más tarde o incluso no hacerlas), el perfeccionismo, el miedo al fracaso, el miedo al éxito y la adicción al trabajo. Estos obstáculos tienen un elemento en común: surgen de nuestros pensamientos e ideas y de la imagen que tenemos de nosotros mismos.

En este capítulo aprenderás a detener el ciclo de dejar las cosas para más tarde y a evitar ser un perfeccionista, una actitud que te impide llevar a cabo nuevos proyectos. También encontrarás en él un test para averiguar si estás trabajando demasiado y las herramientas necesarias para cambiar tu forma negativa de pensar y descubrir qué es lo que te impide convertirte en un experto en aprovechar al máximo el tiempo.

# EL HÁBITO DE DEJAR
# LAS COSAS PARA MAÑANA

Son las tres de la madrugada y Janet está sentada aún ante el escritorio mirando al vacío. Se siente muy angustiada porque han de ocurrírsele algunas inteligentes e innovadoras ideas para la última campaña de ventas de su compañía y las ha de presentar a su jefe al día siguiente. Ha tenido tres semanas para hacerlo, pero no empezó a trabajar en el proyecto hasta el día anterior. ¿Estaba demasiado ocupada? ¿Quizá la tarea era demasiado difícil para ella o no estaba lo suficiente preparada para llevarla a cabo? No ha sido por ninguna de estas razones, sino por

## El ciclo de dejar las cosas para mañana

Iniciamos esta clase de ciclo al pensar entre una tarea y otra: «La próxima vez la empezaré antes». Y cuando hemos de hacer la siguiente, pensamos: «La empezaré pronto». La ansiedad que sentimos va aumentando cuando tenemos una secuencia de pensamientos como la de:

- ¿Y si dejo la tarea para más tarde?
- Estoy haciéndolo todo menos lo que he de hacer.
- Mientras no la termine, no puedo disfrutar haciendo nada más.
- ¿Por qué no he empezado a hacerla antes?
- ¿Y si alguien descubre que voy tan atrasado?

Pero el que deja las cosas para más tarde piensa: «Todavía tengo tiempo para hacerlo». Sin embargo, a menudo empieza a criticarse y deja de confiar en sí mismo, preguntándose: «¿Termino el trabajo o abandono el barco?». Al no haber podido terminarlo y sintiéndose fatal, se promete no volver a hacerlo nunca más. Pero después de olvidarse de la ansiedad que le produjo la situación, inicia el mismo ciclo de nuevo.

su hábito de dejar las cosas para mañana, que le está causando mucho estrés.

El hábito de dejar las cosas «para mañana» significa dejar una tarea para el último momento o incluso no hacerla. A un nivel sencillo, puede consistir en no entregar un trabajo en la fecha fijada, pero esta situación también puede hacerte sentir culpable, incompetente, aborrecible e incluso deprimirte.

Si la gente se siente tan mal al dejar algo para el último momento, ¿por qué lo hace? He aquí algunas de las razones:

**Miedo al fracaso:** (véanse pp. 38-40) «Como sé que no puedo hacer esta clase de trabajo, es mejor que no lo haga, así no descubrirán que no puedo realizarlo».

**Miedo al éxito:** (véanse pp. 41-43) «Si hago bien este proyecto, seguirán esperando más y más cosas de mí». O «no me merezco que me elogien, el reconocimiento me hace sentir incómodo».

**Ideas negativas sobre uno mismo:** Si te dices una y otra vez «No soy lo suficientemente bueno para hacerlo», no harás la tarea que te produce ansiedad.

**Estar demasiado ocupado:** «Estoy demasiado ocupado como para hacer cualquier otra cosa».

**Ser desorganizado:** «He de organizarme antes de redactar este informe».

**Planificar y organizar mal el tiempo:** «Este fin de semana no debería haber pasado tanto tiempo con mis amigos sabiendo que había de hacer este trabajo».

**Frustrarte a la menor contrariedad:** «No soporto que cuando intento trabajar, me surjan problemas y complicaciones. ¡Lo dejo!».

**Deprimirse:** «Ni siquiera vale la pena intentar hacerlo. ¡No me servirá de nada!».

**Cómo superar el hábito de dejar las cosas para mañana**

Reflexiona sobre el precio que estás pagando por este hábito: ansiedad, depresión y estrés. Sé también realista sobre el precio que te ha costado en cuanto a las notas en los estudios, las oportunidades laborales o el ascenso que deseabas, y el efecto negativo que ha supuesto en tus relaciones. Decide ahora hacer algo al respecto.

Cuanto antes puedas detenerte si has entrado en este ciclo, más fácil te resultará enderezarte. Divide la tarea en pequeños pasos. Escribe un programa, fijando la fecha en la que has de terminar cada uno de ellos. Ahora ponte manos a la obra. Suele ser lo que más cuesta, pero has de hacerlo. Después de haber completado un paso, ofrécete una pequeña recompensa. Sigue el programa: inicia el siguiente. A medida que completes cada paso, confiarás más en ti y terminarás el proyecto. ¡Enhorabuena!

# No lo dejes para mañana

**Si estás posponiendo algo que sabes debes hacer, los siguientes pasos te ayudarán a acabarlo a tiempo.**

**1.** Escribe la tarea que estás evitando. «Estudiar más» es demasiado vago, has de ser más concreto, poner algo como «Escribir el ensayo sobre los sonetos de Shakespeare» es mucho mejor.

**2.** Pregúntate si estás evitando hacerla. ¿No te gusta la tarea? ¿Temes no poder hacerla bien? ¿Sientes que eres demasiado desorganizado? Si te cuesta descubrir por qué la estás posponiendo, pregúntale a un amigo o a un colega por qué ellos dejan las cosas para más tarde.

**3.** Enumera las razones por las que puede beneficiarte posponerla. Por ejemplo: puedes hacer en su lugar otras cosas que te gustan más; o de esta forma no tendrás que trabajar; o así no experimentarás la ansiedad que te produce, o otros motivos similares.

**4.** Enumera las razones por las que te perjudica posponerla. Por ejemplo: no obtendrás una buena nota en el examen, o si sigues evitando limpiar la casa tus hijos no querrán invitar a sus amigos porque se sentirán demasiado avergonzados por lo sucia que está.

**5.** Piensa de manera positiva sobre ti y sobre la tarea que debes hacer. Divídela en partes más pequeñas y manejables, y fíjate unas fechas para completar cada una de las partes. Aspira a terminarla y no a hacerla a la perfección.

**6.** Pide a un amigo o a un colega que te ayude a ser responsable y a cumplir con tu obligación. Dile la fecha en que has de terminar la tarea para que vaya controlando tu progreso de vez en cuando.

# EL PERFECCIONISMO

Cuando hemos de realizar una tarea, la mayoría de nosotros intentamos hacer un buen trabajo. Sin embargo, a algunas personas esto no les basta, desean hacerla a la perfección. Los perfeccionistas viven en un mundo de unos modelos y expectativas poco realistas que se han autoimpuesto, los cuales hacen que estén esforzándose sin cesar por algo inalcanzable. No toleran los errores y se quedan enredados en los más pequeños detalles, volviendo a menudo a empezar la tarea una y otra vez para ejecutarla a la perfección.

El perfeccionismo y la dilación son las dos caras de la misma moneda porque nos impiden emplear el tiempo con sabiduría y terminar la tarea que estamos realizando. Un perfeccionista raras veces termina cualquier empresa aceptable al primer intento. Con frecuencia pospone la tarea porque sabe que le exigirá una enorme cantidad de energía y que se sentirá frustrado, enojado y ansioso a medida que el tiempo vaya pasando.

El perfeccionismo suele surgir en la infancia como el deseo de complacer a los demás. Los niños superdotados se esfuerzan en alcanzar los elevados modelos que les imponen los adultos y acaban creyendo que son los que les corresponden. Pueden interiorizar el falso mensaje de que su propia valía equivale a su rendimiento. Desean complacer a sus padres y maestros, y con el tiempo este deseo de complacer a los demás se convierte en miedo al rechazo. El perfeccionista, que suele estar motivado más por el miedo que por el deseo de triunfar, puede evitar nuevas situaciones o rechazar un ascenso en el trabajo por temor a no poder estar a la altura de los elevados modelos que se ha impuesto.

El perfeccionista vive siguiendo la regla de los «debo»: debo ser perfecto y he de hacerlo todo a la perfección; no debo cometer ningún error; debo siempre rendir incluso por encima del cien por cien en cualquier circunstancia; no debo intentar hacer las tareas que sé de antemano no podré llevar a cabo a la perfección.

Los perfeccionistas pueden llegar a experimentar una profunda sensación de soledad. Una baja autoestima y la falta de confianza en uno mismo son los obstáculos con los que se enfrentan. El perfeccionista, al no intentar hacer cosas nuevas por temor a no realizarlas bien, acaba teniendo unas rígidas ideas sobre lo que puede y no puede hacer. También corre el riesgo de pensar de manera negativa y caer en una depresión. En el mundo del perfeccionista el pensamiento de todo-o-nada fomenta el pesimismo y la depresión. Para él todo cuanto no constituya un rotundo éxito es un absoluto fracaso. «Si no puedo hacerlo a la perfección, ni siquiera lo intentaré», piensa.

## Cómo superar el perfeccionismo

Acepta que cometer errores es muy humano. Aprenderás más cosas de ti a través de los fracasos que de los éxitos, y nada constituye un absoluto fracaso si la situación te enseña algo nuevo.

Esfuérzate en superarte en lugar de buscar la perfección. Resérvate el tiempo necesario, haz todos los preparativos, realiza el trabajo en el límite del tiempo fijado y siéntete bien al lograrlo. Utiliza el principio de Pareto (véanse pp. 26-27) para aprender dónde has de poner tu tiempo y energía. En este caso el 20 por ciento de tu esfuerzo produce el 80 por ciento de la calidad. Hacer un trabajo adecuado o satisfactorio (el 80 por ciento) es mucho mejor que no hacer nada.

Aprende a distinguir entre hacer algo bien de hacer lo correcto preguntándote si los detalles que te preocupan son importantes para el proyecto en general.

Al emprender una tarea, fíjate un programa razonable y cúmplelo.

Activa un pequeño despertador o un temporizador para que te recuerde cuándo termina el tiempo que te has fijado. Y luego oblígate a pasar a la siguiente tarea. Al final resérvate un tiempo para repasarlas y retocarlas, pero establece también un tiempo límite para ello.

Mientras practicas el ser imperfecto, sé paciente contigo mismo. El perfeccionismo es una trampa de la que vale la pena escapar, cuando lo consigas te sentirás mejor, disfrutarás del proceso de hacer las cosas en lugar de centrarte sólo en el resultado, ampliarás tu repertorio de habilidades y lo que es más importante aún, te librarás del estrés y la ansiedad que genera el ser perfeccionista.

# Crea un collage de tus aspiraciones

**¿Qué harías si supieras que no es necesario hacer algo a la perfección? Este ejercicio te ayuda a descubrir lo que siempre deseaste probar y no lo hiciste por miedo, porque el perfeccionista que hay dentro de ti te lo impedía.**

**1.** Reúne el siguiente material: una colección de distintas clases de revistas (estilo de vida, viajes, empresa, jardinería y otros temas), una cartulina grande, unas tijeras y un tubo de pegamento.

**2.** Resérvate una hora y pon tu música preferida, enciende una vela aromática y relájate durante un rato. Hojea las revistas, página por página, y pregúntate continuamente: «¿Qué me gustaría hacer si supiera que no es indispensable realizarlo a la perfección?».

**3.** Sigue tu impulso y arranca las páginas de las fotografías que representen la actividad que te gustaría probar y que no has hecho por tu afán de realizarlo todo a la perfección. No te censures ni tampoco cuestiones tus habilidades. Sigue sólo tu intuición.

**4.** Después de 30 minutos, recorta las imágenes elegidas y pégalas en la cartulina para crear un collage.

**5.** Resérvate los últimos 15 minutos para pensar en la actividad que más te gustaría intentar practicar. ¿Cómo la iniciarías? Por ejemplo, pongamos que te gustaría arreglar tu jardín, pero hasta ahora te intimidaban las altas expectativas que te habías impuesto y el calibre de la empresa. Puedes empezar plantando semillas en una jardinera. Sea cual sea la actividad que elijas, la tensión que te produce desaparecerá en cuando sientas que no necesitas realizarla a la perfección.

# EL MIEDO AL FRACASO

A nadie le gusta fracasar y el miedo al fracaso es uno de los más comunes. Todos tenemos dudas sobre nuestras habilidades de vez en cuando y a veces dudamos de si debemos intentar hacer algo nuevo o algo que sabemos no se nos da demasiado bien. El miedo al fracaso está relacionado con el miedo a ser criticado o rechazado, pero no todos los miedos son malos: nuestro instinto de supervivencia innato, basado en el miedo, nos protege de cualquier daño y nos avisa del peligro. Sin embargo, el miedo se convierte en un problema cuando limita nuestras capacidades y disminuye la calidad de vida.

El miedo al fracaso puede aumentar hasta convertirse en un ciclo vicio-

so. Al imaginar la peor situación posible, te sientes ansioso y estresado. Te apartas de la tarea que estás haciendo o de cualquier otra, o de todas a la vez, porque te sientes inseguro y no quieres pedir ayuda. Abandonas lo que estás haciendo, o lo pospones eternamente, o quizá nunca llegas a empezarlo. La confianza en ti mismo cae en picado, te sientes fatal y piensas: «Soy un perdedor, no puedo hacer nada». Piensas que eres un fracasado en todas las esferas de tu vida y tu ansiedad aumenta.

> *Lo que puede hacerse en cualquier momento no llega a hacerse nunca.*
>
> **PROVERBIO ESCOCÉS**

Sin embargo, las personas que alcanzan sus objetivos saben que el fracaso es una consecuencia natural de haber intentado algo. Si nunca intentas realizar una empresa, claro que no fracasarás, pero tampoco triunfarás en ella.

Pregúntate qué es exactamente lo que te da miedo. ¿Ser juzgado? ¿Parecer estúpido? ¿La posibilidad de que no les caigas bien a los amigos o a los colegas? ¿Hay alguna prueba que confirme estos miedos? ¿Qué es lo peor que podría pasarte si alguien te juzgara? A menudo una vez hemos aceptado lo peor que podría ocurrirnos, nuestros miedos disminuyen y nos sentimos más motivados para intentar hacerlo.

Intenta no dejar que tus emociones controlen lo que vas a hacer ni cuándo vas a realizarlo. Si simplemente te pones manos a la obra, te sentirás bien de manera natural. De la misma forma, para empezar una tarea no esperes a tener el estado de ánimo adecuado, hazla de todos modos, descubrirás que tu ánimo mejora porque estás haciendo algo y te sentirás mejor porque al menos lo estás intentando.

Evita minar tu confianza y hacerte preguntas de «¿Y si...?» como: «¿Y si no puedo hacerlo bien?» y «¿Y si fracaso?», ya que sólo harán que dejes de confiar en ti. Concéntrate en esforzarte, eso es lo más importante, y felicítate por intentarlo.

Desarrolla la tenacidad. Sigue el consejo de Josh Billings (1818-1885), un humorista americano: «Sé como un sello, pégate a una sola cosa hasta llegar a donde te has propuesto». Síguelo intentando y cuando te sientas ansioso o frustrado, trabaja diez minutos más y tómate un breve descanso. Y después vuelve a trabajar con una renovada energía.

Todos fracasamos en algún momento u otro, es algo inevitable, y cuando te ocurra comprenderás que un retraso o no lograr terminar la tarea que estabas llevando a cabo no es tan terrible como creías, no significa que seas un pusilánime ni tampoco refleja tu valía personal. En lugar de castigarte, intenta utilizar la experiencia como una oportunidad para crecer y madurar.

También es útil repasar una situación en la que no pudiste terminar algo porque temías fracasar. Averigua dónde te quedaste encallado. Pregúntate: ¿Fue antes de empezar la tarea, después de haberla empezado o ya al final? ¿Por qué la he abandonado? ¿Acaso no estaba preparado para un determinado aspecto de la tarea? ¿Tardaba más en hacerla de lo que había imaginado y fui presa del pánico al pensar que la fecha en que había de terminarla estaba a punto de llegar?, y otras cosas por el estilo. Cuando obtengas algunas respuestas, podrás abordar la siguiente tarea de distinta manera, para que el miedo al fracaso no te impida terminarla.

Por último, observa tus pensamientos. Cuando las cosas te salgan mal, sé consciente de tu diálogo interior. «No me ha salido bien» es muy distinto de decir «¡Soy un fracaso!». Cambiar de perspectiva y reformular el fracaso como un contratiempo temporal te permitirá aprender de la experiencia y seguir adelante.

# EL MIEDO AL ÉXITO

El miedo al fracaso consiste en temer cometer errores y hacer el ridículo, en cambio el miedo al éxito se basa en temer el triunfo y el reconocimiento que comporta. Las personas con esta clase de miedo no comprenden por qué tienen problemas para tomar decisiones, por qué no están motivadas para alcanzar sus objetivos y nunca logran nada. Y si consiguen terminar algo con éxito, desacreditan sus logros, se quitan mérito y dicen que ha sido por pura chiripa.

Los que tienen miedo al éxito son unos maestros en el autosabotaje. Establecen la situación para el fracaso: entregan un informe incompleto o tarde, o no acuden al taller de escritura creativa aunque el profesor elogie sus escritos. ¿Pero por qué lo hacen? Porque quizá el éxito no encaja con la imagen que tienen de sí mismos o creen que no se merecen triunfar.

¿Cómo puede el miedo al éxito sabotear una eficiente planificación del tiempo? El autosabotaje puede tener lugar de formas sutiles: no preparan-

do un programa cuando sabes que es la mejor manera para ti de funcionar, no utilizando la agenda aunque la lleves encima, dejando que los demás te interrumpan y te quiten el poco tiempo que tienes cuando estás intentando acabar un proyecto, o dejando para el final del día, cuando tienes menos energía, un importante trabajo que has de hacer.

Una buena idea es analizar qué es lo que cambiaría en tu vida si dejaras de sabotearte y triunfaras. ¿Cuáles son los pros y los contras del éxito? Este autosabotaje ha de tener algunas ventajas, pues de lo contrario no lo harías. ¿Quizá lo que te ocurre es que no quieres afrontar las consecuencias que el éxito te traería: como un ascenso o ir a vivir a otro lugar? En cuanto averigües por qué te estás saboteando, podrás empezar a resolver el problema.

Otra forma de vencer el miedo al éxito es definiendo tus metas, tanto a corto como a largo plazo. Tu miedo al éxito pertenece al presente, en cambio tus metas pertenecen al futuro. Utilízalas para recordar por qué has de superar tus miedos.

Hacerte un ligero y positivo lavado de cerebro también te ayudará mucho a vencer el miedo al éxito. Repítete: «Me merezco triunfar» al menos diez veces al día. Escribe también esta afirmación positiva en pequeñas notas adhesivas y colócalas en lugares donde las veas con frecuencia, como en el espejo del dormitorio, en el monitor del ordenador, en el salpicadero del coche y en otros lugares parecidos.

# Define qué es el éxito para ti

¿Cómo sabrás cuándo has triunfado? ¿Qué significa el éxito para ti? Este ejercicio te ayudará a descubrir tu propia definición del éxito. Para realizarlo necesitas un plato de papel o una hoja de papel con un círculo dibujado en ella y un bolígrafo.

**1.** Divide el plato de papel o el círculo en segmentos que representarán las áreas de la vida que son importantes para ti (véase el diagrama inferior). Adjudica a cada segmento una esfera de tu vida y escribe los números tal como aparecen en el diagrama. Indica tu grado de satisfacción en cada área de tu vida, según una escala del 0 al 10 (en la que el 0 = muy insatisfecho y el 10 = muy satisfecho). Divide los segmentos trazando una línea en el punto adecuado y sombrea el área resultante de la escala.

**2.** Une los puntos de las líneas de los segmentos.

Lo más probable es que tu definición del éxito se ajuste más a unas áreas que a otras. Piensa en cómo has conseguido triunfar en esas áreas.

**3.** En los segmentos de éxito más bajo, hazte esta pregunta: «¿Cómo sabré cuándo he conseguido triunfar en esta área?». Por ejemplo, en el sector físico tu respuesta podría ser: «Cuando pueda correr medio maratón».

**6.** Dedica más tiempo a las áreas que necesitas mejorar para que tus respuestas se hagan realidad.

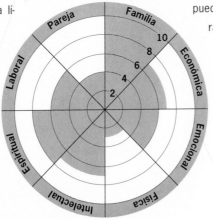

# LA ADICCIÓN AL TRABAJO

Ser un adicto al trabajo es una adicción socialmente aceptable, ninguno de nosotros mira con desprecio a una persona que trabaje mucho, sino que la animamos y recompensamos. No es malo ser un apasionado de tu trabajo, sentirte satisfecho después de una larga jornada laboral y hacer todo cuanto está en tus manos para terminar un proyecto a tiempo. Sin embargo, la diferencia entre alguien que trabaja mucho y un adicto al trabajo es el control. El primero controla cuándo y cuánto desea trabajar y mantiene un equilibrio entre el trabajo y el resto de su vida. En cambio, el adicto al trabajo se siente angustiado cuando no trabaja, le resulta casi im-

posible relajarse fuera de él y a veces le molesta incluso el tiempo que pasa con la familia y los amigos. La clave para saber si una persona ha perdido el control y es adicta al trabajo es el mal estado de sus relaciones personales. El cónyuge y los hijos son los que sufren más esta situación, ya que su marido, esposa, padre o madre pasan muy poco tiempo en casa. La adicción al trabajo es un importante factor en el divorcio y los hijos de un adicto al trabajo suelen quejarse del poco tiempo que su padre o su madre pasa con ellos.

La adicción al trabajo se encuentra prácticamente en cualquier profesión y campo, como el de los médicos, abogados, carpinteros, profesores, trabajadores sociales y artistas, no hay ninguna profesión que se

salve de ella. Los que más tienden a tener este problema son los empresarios, los autónomos, los trabajadores que cobran por horas y las personas que pertenecen a una cultura que premia a quienes trabajan horas extras.

La adicción al trabajo comporta un precio tanto a nivel físico como mental. El estrés que causa quemar el cabo de la vela por ambos extremos puede provocar muchos síntomas, tales como: hipertensión, ansiedad, eccema, un bajo sistema inmunológico, insomnio, episodios de ira, impaciencia, náuseas y dolor de espalda y en las articulaciones. Y si el adicto al trabajo no baja el ritmo y aprende a disfrutar del tiempo en el que no trabaja, corre el riesgo de sufrir *burnout*.

Aunque el *burnout* o síndrome de agotamiento profesional no esté reconocido como un trastorno médico, puede ser muy debilitador. El *burnout* relacionado con la adicción al trabajo es una clase de depresión que se desarrolla como una respuesta al estrés, en este caso causado por trabajar demasiado. Se va desarrollando a lo largo de los años y se caracteriza por el agotamiento físico, la tristeza o la depresión, el tardar más tiempo de lo habitual en terminar un trabajo, un sentimiento de vergüenza por rendir menos que antes, una escasa concentración y la incapacidad para tomar decisiones. Muchos adictos al trabajo se niegan a aceptar lo que les está ocurriendo hasta que los síntomas son tan severos que son incapaces físicamente de afrontar el problema. Al llegar a este punto uno necesita descansar y recuperarse. El *burnout* suele obligarnos a replantear quiénes somos con relación al trabajo, por qué nos hemos dedicado a esta profesión y qué hemos de cambiar para equilibrar más el trabajo con el resto de nuestra vida. Volver a trabajar poco a poco, con una renovada energía y una actitud más flexible, te ayudará a sentirte más feliz y a estar más sano.

El camino para abandonar la adicción al trabajo y el *burnout* puede a ve-

# Evalúa tu actitud hacia el trabajo

**Este ejercicio se ha adaptado del texto «¿Cómo sé que soy adicto al trabajo?», publicado por Adictos al Trabajo Anónimos.**

Respón a las siguientes preguntas con un «verdadero» o «falso»:

- Mi trabajo me apasiona más que mi familia o que cualquier otra cosa.
- En las vacaciones me llevo trabajo para hacer.
- Trabajar es la actividad que más me gusta y de la que más hablo.
- Trabajo más de 55 horas a la semana.
- Mi familia y mis amigos no esperan que sea puntual.
- Creo que es correcto trabajar muchas horas si te gusta lo que haces.
- Las personas que tienen otras prioridades aparte de las del trabajo me ponen nervioso.
- Temo que si no trabajo más de la cuenta perderé el trabajo o seré un fracasado en él.
- Me preocupa el futuro, aunque las cosas me estén yendo muy bien.

- Me irrito cuando los demás me piden que deje de trabajar para hacer cualquier otra cosa.
- Mi familia se queja porque trabajo muchas horas y apenas me ven.
- La mayor parte del tiempo estoy pensando en el trabajo: mientras conduzco, cuando me acuesto, al despertarme en medio de la noche, mientras los demás me están hablando.
- Durante la comida sigo trabajando o leo textos relacionados con mi trabajo.

Cuantas más respuestas de «verdadero» hayas dado, más cerca estarás de ser un adicto al trabajo. Descubrir que quizá tienes un problema es el primer paso para cambiar. Si crees que necesitas la ayuda de un profesional, contacta con una organización como la de Adictos al Trabajo Anónimos o consulta a un terapeuta.

ces parecernos lento y doloroso, pero es posible recorrerlo. Una buena forma de empezar es desprendiéndote de la sensación de culpa y de la ansiedad que te produce no trabajar durante veinticuatro horas los siete días
de la semana. Recuérdate que eres mejor jefe, colega, empresario o estudiante si dedicas un tiempo a relajarte y revitalizarte. De esta manera serás más eficiente, creativo y productivo.

Al reincorporarte al trabajo, aprende a delegar tareas. Libérate de parte del trabajo asignando tareas a los empleados de confianza. Practica el
confiar que los demás harán el trabajo tan bien como tú. Si no tienes empleados o trabajas en casa, plantéate contratar a alguien para que haga las
tareas rutinarias, así dispondrás de más tiempo. O intenta intercambiar tareas con algún amigo.

Asegúrate de dedicar una buena parte de tu tiempo a las personas importantes de tu vida. Deja de dar a tu familia y a los amigos sólo el tiempo
que te queda al final del día y en los fines de semana, y pasa un tiempo con
ellos cuando estés en plena forma. El sábado por la mañana en lugar de
trabajar como de costumbre, sal a divertirte, o reserva cada mes una noche para salir con tu pareja o con los amigos.

Dedica un tiempo a cuidar de tu salud física. Estar en buena forma aporta muchos beneficios, pero para el adicto al trabajo tiene uno más: le obliga
a trabajar menos horas. Resérvate un tiempo para
hacer ejercicio, haz cualquier cosa que te permita estar en forma. El ejercicio te ayuda a eliminar la ansiedad y el estrés y fomenta
la producción de endorfinas, sustancias
que suben el ánimo. Hacer ejercicio junto
con otras personas, como tus hijos o tus
amigos, te ayudará además a fortalecer el
vínculo que mantienes con ellos.

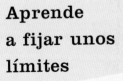

# Aprende a fijar unos límites

**El día sólo tiene 24 horas y no es sano ni deseable pasar más de un tercio de este tiempo trabajando. Este ejercicio te enseñará a reducir las numerosas horas de trabajo y a recuperar el equilibrio en tu vida.**

**1.** Averigua en primer lugar cómo empleas el tiempo. Para hacerlo necesitas una libretita y un bolígrafo: anota durante dos semanas todo cuanto hagas. Escribe cada noche lo que has hecho durante el día y el tiempo que has tardado en hacerlo. Enuméralo todo, incluyendo las actividades cotidianas de dormir, comer y lavarte.

**2.** Analiza tus anotaciones relacionadas con el tiempo empleado, concentrándote en las horas que trabajas de más (en la mayoría de trabajos es un máximo de ocho horas diarias). Intenta buscar formas de ir reduciendo poco a poco las horas extra.

**3.** Empieza haciendo pequeños cambios. (Si intentas hacer demasiados cambios con excesiva rapidez no serán duraderos.)

Por ejemplo, procura terminar el trabajo cada día media hora antes, hasta que te vayas a la hora que te correspondería irte. O dedica, después de almorzar, 15 minutos para irte a pasear.

**4.** Aprende a decir «no», tanto a ti mismo como a aquellos que te privan de tiempo. No añadas nada a tu programa sin eliminar antes algo que exija la misma cantidad de tiempo y de energía.

**5.** Busca un mentor para que te apoye en tu intento de equilibrar mejor tu vida laboral, alguien en quien confíes: tu pareja, un amigo o incluso un psicólogo. Invéntate un sistema para que esa persona pueda avisarte o para que puedas recurrir a ella cuando te desvíes de tu objetivo.

# 3

# El tiempo de calidad

¿Sabes adónde te lleva tu vida? Si no es así, ¿cómo sabrás cuándo has llegado a tu destino? Para conocer la dirección que has de seguir, estar motivado y tener un sentido del tiempo necesitas un mapa que te guíe. Tu forma de emplear el tiempo refleja lo que es importante para ti. Identificar tus valores te ayudará a comprender qué es lo que estás intentando alcanzar en la vida.

Este capítulo te ofrece la guía necesaria para escribir una «declaración personal de tu objetivo» o «de tu misión» en la vida, te enseña a alcanzar las metas que te has fijado y te propone unas sugerencias para poder equilibrar la vida laboral con la personal.

# ¿QUÉ ES IMPORTANTE
# PARA TI?

Si alguien se dedicara a seguirte durante una semana y anotara en qué empleas el tiempo, ¿podría deducir qué es importante para ti? ¿Te gusta cómo empleas tu tiempo? En general, al terminar el día ¿te sientes satisfecho de cómo has empleado la mayor parte del tiempo en las cosas que son importantes para ti?

Organizar el tiempo no sólo consiste en crear una lista de lo que «debes hacer» utilizando detallados diarios o algún otro sistema similar para aprovecharlo al máximo. Ni tampoco significa descubrir un método para hacerlo todo, porque esto es imposible. Si abordas la vida con una actitud de «Si me apresuro, si trabajo más, si trabajo más deprisa, lograré hacer todo cuanto he de hacer», sólo acabarás sintiéndote frustrado y desanimado, además de agotado. Pero lo que sí es posible es hacer las cosas que son más vitales para tu bienestar personal y profesional.

Vamos ahora a echar un vistazo al principio de la pirámide y al de la prioridad: dos métodos para calcular el tiempo y asegurarte de que lo estás empleando en las cosas que son más importantes para ti.

### El principio de la pirámide

Charles R. Hobbs influyó en la sociedad de los años setenta y ochenta al hacer que la planificación del tiempo en lugar de ser una técnica para aumentar la productividad, fuera más bien un método personal basado en unos valores esenciales. Hobbs creía que era importante regirse por un método unificador que incorporara unos valores individuales, unas metas y una planificación diaria. Y lo alcanzó creando un sistema al que llamó «pirámide de la productividad». El primer paso para construir una pirámide de la productividad consiste en definir tus propios valores y escribir una acción general relacionada con cada uno de ellos como, por ejemplo, «Muestra compasión» o «Ten fe en los demás». Hobbs llamó a esta serie de acciones «principios unificadores». A continuación has de utilizar estos principios unificadores como base para establecer tus metas a largo plazo. Y después, basándote en tus metas a largo plazo, has de fijarte otras

metas intermedias y basar a su vez en éstas tus metas diarias. Así es cómo se forma la pirámide, con los principios unificadores en la base, las metas a largo plazo en el medio, las metas intermedias por encima de éstas y las metas diarias en la cima. Lo cual encaja con la filosofía de Hobbs, según la cual cualquier sistema para organizar el tiempo que vayas a usar ha de consistir en una síntesis de lo que crees y lo que haces.

En *Los siete hábitos de la gente altamente efectiva* Stephen Covey propone que a veces pasamos por una evolución personal de cuatro «generaciones» de planificar el tiempo. Cada generación se perfecciona con la siguiente y se va volviendo más eficiente y útil. Según Covey, la mayoría de personas que desean aprender a planificar el tiempo empiezan siguiendo el método de «organízate» (la primera generación), basado en recordatorios y listas de cosas que «debo hacer». Pero no tiene en cuenta las prioridades, ni el tiempo que tardan en cada tarea, y lo que no consiguen hacer hoy, lo añaden a la lista del día siguiente.

**«No dejes para mañana lo que puedas hacer hoy.»**

**BENJAMIN FRANKLIN (1706-1790)**

La segunda generación se centra en la planificación y la preparación. Los calendarios y las agendas, o los diarios, son las principales herramientas que utiliza: los que están en esta etapa se fijan unas metas, hacen planes y programan los acontecimientos. Aunque habitualmente lo único que suelen programar son las cosas relacionadas con el trabajo, las visitas médicas, las reuniones con los maestros y otras actividades similares. Se rigen por esta programación, pero no incluyen el tiempo que necesitan para mantener unas relaciones personales y alcanzar sus propias metas.

La tercera generación no sólo planifica el tiempo y se programa los eventos, sino que además tiene en cuenta las prioridades y controla el desarrollo de los acontecimientos. Los que funcionan a este nivel dedican un tiempo a sus propios valores y prioridades. Dividen sus metas en objetivos a corto y a largo plazo, basándose en los propios valores. Utilizan agendas y organizadores (de papel o electrónicos) y también suelen emplear unas agendas sumamente detalladas para planificar el día. Según Covey, lo que les falta a las personas de este nivel es el concepto de emplear el tiempo en aquello que es más importante para ellas.

Covey subraya que es necesario una cuarta generación que aparte de planificar el tiempo, organice también la vida y el interior de uno. Esta generación incluye todas las ventajas de las anteriores y tiene además el componente de una vida de calidad. Nos ayuda a crear y mantener unas relaciones significativas, a gozar de paz interior y a confiar en que aparte de estar haciendo lo que es más importante para nosotros, lo estamos haciendo bien.

## El principio de la prioridad

Para poder planificar tu tiempo basándote en tus valores, has de comprender cuáles son tus prioridades personales y profesionales y cómo eliges emplear tu tiempo basándote en ellas.

Charles R. Hobbs y Stephen Covey determinaron que la forma en que empleamos el tiempo puede dividirse en cuatro categorías: 1. Importan-

# Las cuatro categorías de cómo empleas el tiempo

**Primera categoría:**
**Lo importante y no urgente:**
**el principio de la prioridad**

- La gestión del tiempo es una extensión de tus valores y prioridades.
- Poder concentrarte en lo que estás haciendo sin pensar que deberías estar haciendo alguna otra cosa.
- Disponer de tiempo para las relaciones.
- Ejemplos: equilibrar el trabajo con el tiempo personal, reservar un tiempo para la relajación, el ejercicio físico, el crecimiento y el desarrollo personal.

**Segunda categoría:**
**lo importante y urgente:**
**afrontar las crisis con eficacia**

- Darle de inmediato toda tu atención y dejar lo que estés haciendo.
- Ejemplos: emergencias médicas, fechas tope y crisis familiares y de pareja.

**Tercera categoría: lo no**
**importante y urgente: las**
**distracciones como una evasión**

- Responder enseguida a todas las distracciones e interrupciones, asistir a todas las reuniones.
- Ejemplos: responder a todos los e-mails y llamadas telefónicas en cuanto los recibes, sean de quién sean, salir a cenar tres o cuatros noches a la semana con amigos y con compañeros de trabajo.

**Cuarta categoría: lo no**
**importante ni urgente: estar**
**ocupado en «numerosas**
**actividades triviales».**

- Emplear el tiempo en actividades que no son importantes para la calidad de tu vida o que apenas contribuyen a ella.
- Ejemplos: jugar con el ordenador a juegos de cartas, hacer actividades relacionadas con el trabajo, tales como archivar la información, que no te ayudan a mejorar tu carrera o tu negocio, responder a llamadas telefónicas privadas o dejar que los amigos y la familia te visiten y distraigan cuando estás trabajando en casa.

te/No urgente; 2. Importante/Urgente; 3. No importante/Urgente; y 4. No importante/No urgente.

El objetivo consiste en crear una vida basada en los principios de la primera categoría, para aprender a afrontar con eficacia una crisis con la segunda categoría y evitar tanto las distracciones inútiles (tercera categoría) como estar ocupado sólo por el hecho de estarlo (cuarta categoría).

Vivir tu vida y emplear el tiempo basándote en tus principios y valores, te ayudará a alcanzar los objetivos fijados y a ordenar y equilibrar las distintas áreas de tu vida. Podrás controlar tu vida y administrar el tiempo con eficiencia, y al hacerlo afrontarás menos crisis.

Divide una hoja de papel en cuatro secciones y escribe en la parte superior izquierda: Importante/No urgente; en la parte superior derecha: Importante/Urgente; en la parte inferior izquierda: No importante/Urgente y en la parte inferior derecha: No importante/No urgente.

Averigua ahora en qué categoría te encuentras. Consulta tu calendario o agenda (o si es necesario, recurre a tu memoria) y asigna las actividades que has estado haciendo durante un mes a una de estas cuatro categorías, según los criterios descritos en la página 58. El siguiente paso consiste en evaluar y reflexionar. Pregúntate: ¿En qué categoría me encuentro la mayor parte del tiempo? ¿Cuánto tiempo he utilizado en hacer actividades importantes que no eran urgentes? Este ejercicio te mostrará con claridad si estás empleando o no el tiempo sabiamente y concentrándote en las actividades prioritarias.

### ¿Cuáles son tus valores?

Para hacer el cambio de vivir teniendo en cuenta tus prioridades, has de establecer primero cuáles son tus prioridades y valores. Los valores son las creencias que reflejan tu definición del significado de la vida: aquello que te mueve a actuar. Puedes utilizar tu definición del éxito del segundo capítulo (véase el ejercicio 6, p. 43) como base para averiguar cuáles son tus valores.

Cuando hayas establecido con exactitud cuáles son, te resultará más fácil averiguar cómo empleas el tiempo. A medida que aprendas a vivir tu vida y a emplear el tiempo basándote en tus valores, serás consciente de los buenos sentimientos que surgen como resultado. En cambio, te sentirás incómodo psicológicamente cuando dediques el tiempo a hacer tareas poco importantes. Si te descubres realizándolo a menudo, has de volver a evaluar lo que estás haciendo y por qué, y llevar a cabo a continuación los cambios necesarios para volver a emplear el tiempo basándote en tus valores.

### ¿Cuáles son los valores de los demás?

Piensa en cinco personas que conozcas, respetes y admires en especial, y concierta una cita con ellas. Para poder conocer la mayor variedad de puntos de vista posible, elige a personas de distintas edades (incluyendo quizá un abuelo y un adolescente) y de diversos orígenes, niveles de educación, profesiones y otras características por el estilo.

Pide a cada una de ellas que te enumere los cinco valores más importantes que siguen para llevar una buena vida. Después averigua por qué los valores que han elegido son tan importantes para ellos. Utiliza la información adquirida en las citas para descubrir cuáles son los tuyos.

# Identifica
# tus valores

**Imagina que te han pedido que cuentes a las generaciones futuras el secreto para llevar una vida significativa. En primer lugar, necesitas reunir una lista de los valores que crees son esenciales para ti y que reflejan lo que consideras más importante seguir y defender.**

**1.** Escribe en la parte izquierda de una hoja de papel, en una columna, todos los valores que son importantes para ti. Algunos de ellos podrían ser: la integridad, la sinceridad, la intimidad, la amistad, la felicidad familiar, las comodidades, el trabajar duro, el aprendizaje, la salud física y mental, la espiritualidad, el crecimiento personal y la independencia o autonomía. Intenta reducir la lista anotando los diez más importantes para ti.

**2.** Al lado de cada uno de los valores escribe una afirmación relacionada con el tiempo. Por ejemplo, si la amistad se encuentra en tu lista, puedes poner: «Me reservaré y planificaré un tiempo para estar con mis amigos». O si uno de tus valores es el crecimiento personal, puedes escribir: «Cada año asistiré a un curso que me ayude a convertirme en un ser humano completo». Guarda la lista y las afirmaciones en la agenda y léelas cada día para que te inspiren.

**3.** Actualiza la lista y las afirmaciones con regularidad. Las circunstancias cambian, al igual que la relativa importancia de algunos de tus valores. Por ejemplo, cuando llegue el momento en que tengas hijos, la felicidad familiar se volverá para ti más importante que la independencia. Ve afinando la lista y las afirmaciones para que reflejen con exactitud todos tus valores actuales.

# TU OBJETIVO
# EN LA VIDA

Las personas pueden dividirse en las que lo «tienen» y en las que «no lo tienen». Pero no me estoy refiriendo a la riqueza que han acumulado o a su fracaso económico, a si han encontrado o no a su alma gemela, o a si han conseguido la profesión anhelada o si la han dejado aparcada para poder criar a sus hijos. Algunas personas tienen una meta muy concreta en la vida y otras vagan por ella sin ton ni son. Algunas personas que parecen poseerlo todo, tienen en realidad una pobre calidad de vida porque no saben cuál es su meta en la vida, tan sólo se limitan a vivirla.

> «Cuantas más cosas hacemos, más podemos hacer; y cuanto más ocupados estamos, más tiempo tenemos.»
>
> **WILLIAM HAZLITT**
> **(1778-1830)**

Intentar averiguar cuál es tu objetivo en la vida es el corazón de quién eres, la esencia de tu ser. Al hacerlo, tu vida adquiere una dirección y una misión. Sabes cuál es el objetivo de tu vida, te levantas cada día teniéndolo en cuenta y planificando el tiempo de acuerdo con él: configura tu modo de pensar, de actuar, de emplear el tiempo y de abordar la vida.

Tu meta en la vida no es el trabajo que realizas ni los papeles que desempeñas (hijo/hija, madre/padre, etc.), ya que unos y otros no son más que los vehículos que te ayudan a alcanzarla. El objetivo de tu vida surge de tu interior, de tus valores, y ha de infudirte alegría y satisfacción.

Saber cuál es tu meta en la vida te hace desear vivirla con pasión. Y esta pasión aviva tus actividades diarias. Cuando persigues el objetivo de tu vida, te sientes conectado al universo, sabes que tu propósito forma parte de ese inmenso todo, sea como sea como decidas llamarlo.

Escribir en una frase tu objetivo o «misión» personal te ayudará a tener clara la dirección que ha de tomar tu vida. A seguir centrado en tu objetivo cuando tu entusiasmo disminuya o al descubrir que estás empleando tu valioso tiempo en cosas triviales. Esta frase de tu misión en la vida es también una útil medida, mensual o anual, porque te indica dónde estabas, dónde te encuentras ahora y adónde te estás dirigiendo.

En cuanto tengas una clara idea de cuál es la meta de tu vida, escríbela. Te servirá de guía cuando hayas de tomar tanto pequeñas como grandes decisiones, como las de en qué universidad es mejor cursar los estudios, si necesitas o no ir a vivir a otra parte o cambiar de trabajo y si debes iniciar un determinado negocio.

Escribir en una frase el objetivo de tu vida te da estabilidad en un mundo que está cambiando sin cesar. La siempre cambiante naturaleza del trabajo, del tiempo libre (o de la falta de él), de la familia y de las relaciones sociales ejerce una gran influencia en nuestra vida cotidiana. Esta fra-

## Haz que tus objetivos sean inteligentes

Los objetivos, tanto si son a corto como a largo plazo, cuando se exponen bien, son inteligentes. Es decir, han de ser:

Específicos: debes detallar minuciosamente lo que deseas alcanzar.

Mensurables: han de poder evaluarse en cuanto al progreso.

Alcanzables: deben estar a la altura de tus circunstancias.

Realistas: han de encontrarse dentro de tus límites personales.

Programables: has de poder alcanzarlos en un determinado espacio de tiempo.

Vamos a utilizar el objetivo de alcanzar una buena forma física como ejemplo.

Específico: realizar media maratón.

Mensurable: controlar semanalmente mi rendimiento.

Alcanzable: ya soy un deportista que corre por afición.

Realista: dispongo de ocho meses para entrenarme.

Programable: la carrera se iniciará el 17 de septiembre.

Es importante repasar tu progreso con regularidad y hacer los ajustes necesarios para que tus objetivos se cumplan.

# Escribe en una frase «tu misión en la vida»

**El objetivo de tu vida = lo que te apasiona + beneficia a los demás. Cuando establezcas cuál es el propósito de tu vida, resúmelo en una frase, ya que ésta siempre te inspirará y recordará lo que es importante en tu vida.**

**1.** Empecemos por aquello que te apasiona. Podría ser cualquier cosa: desde cantar ópera hasta hacer puenting. Si no estás seguro de lo que es, echa primero un vistazo a la lista de valores que has creado en el ejercicio 9 (p. 59). A continuación hazte las siguientes preguntas y escribe las respuestas: ¿En qué me piden consejo mis amigos y mi familia? ¿Mis amigos piensan que soy un experto en algún campo en concreto? Al entrar en una librería, ¿me atrae siempre una sección en particular, como la de jardinería, el ejercicio físico o los viajes?

**2.** Piensa ahora a quién beneficiará tu pasión. ¿Estás interesado en compartirla con un determinado grupo o profesión, como el de los estudiantes universitarios, los dentistas o los padres sin pareja, o con la gen-

te en general? Y, por último, ¿cómo beneficiará tu pasión a los demás? Por ejemplo, si te apasiona enseñar a otros a equilibrar la vida laboral con la personal, un posible beneficio sería que tendrán más tiempo para estar con sus hijos.

**3.** Lee las respuestas y escribe después en una frase clara y concisa tu misión en la vida, basándote en los temas de las siguientes frases:
- Mi pasión es...
- Los que más se beneficiarán de ella serán...
- Se beneficiarán al...

**4.** Consulta tu frase siempre que necesites recordar qué es lo más importante en tu vida.

se te proporcionará algo constante en tu vida mientras todo lo demás que te rodea está cambiando constantemente.

Cada uno de nosotros tiene un distinto propósito en la vida. Si no lo llevas a cabo, el mundo se verá privado de lo que puedes ofrecerle.

### Crea unos objetivos basados en tus valores

Escribir tus objetivos es una buena idea, porque quienes lo hacen suelen alcanzarlos más que los que no lo hacen. Si lo deseas, puedes utilizar tu lista de valores del ejercicio 9 (p. 59) o la frase de «tu misión en la vida» del ejercicio 10 (p. 63) para que te resulte más fácil.

Empieza con una lista de las cosas que deseas alcanzar este año. Ordena después tus metas según su importancia. Empieza por la más importante y piensa en los pasos que necesitarás dar para alcanzarla. Por ejemplo, pongamos que quieres mejorar tu educación. En primer lugar necesitarás encontrar el curso más adecuado. ¿Lo mejor para ti es asistir a un curso nocturno o puedes hablar con tu jefe para poder trabajar menos horas y asistir a un curso diurno? ¿Cómo afectará esta actividad a tus otros compromisos, como el de ocuparte de tus hijos? ¿Tendrá unas implicaciones económicas? Si es así, ¿necesitas reservar un dinero para los cursos? ¿Has de inscribirte a él en una determinada fecha? Formúlate otras preguntas similares.

Haz lo mismo con cada uno de los objetivos de tu lista y divídelos en pequeños pasos que puedas poco a poco cumplir.

# Deja tu propio legado

**Este ejercicio te ayudará a imaginar la clase de vida que deseas llevar y a fijarte algunas metas a largo plazo.**

**1.** Imagina que estás escuchando a tu familia y a tus amigos elogiándote en tu funeral. ¿Qué desearías que dijeran sobre el legado que les dejas? ¿Tal vez la forma en que has contribuido al bienestar de tu familia, de los amigos y de la comunidad?

**2.** Al expresar tu legado, sé lo más concreto posible. Por ejemplo:
- Me gustaría ser recordado como:
- Un esposo/esposa que...
- Un padre/madre que..
- Un hijo/hija que...
- Una hermana/hermano que...
- Una persona que... (llena el espacio) en mi comunidad
- Un compañero/a de trabajo que...
- Un vecino/a que...

**3.** Cuando hayas escrito tu legado personal, piensa en cómo puedes hacer que se cumpla. Por ejemplo, si deseas ser recordado como un vecino dispuesto siempre a prestar ayuda, ¿que necesitas llevar a cabo para serlo? Quizá puedes reservarte un sábado al mes para hacerles los recados al matrimonio de ancianos que vive frente a tu casa. Escribe en una hoja de papel un objetivo para cada una de las frases «Me gustaría ser recordado como...» y añádelo en tu agenda o planificador para acordarte de él.

**4.** Programa en tu agenda los objetivos que desees alcanzar en un plazo de seis meses. Recuerda que cada vez que lleves a cabo uno de ellos, estarás construyendo tu legado.

# 4

# El tiempo para la planificación

Puedes abandonar muchos de los hábitos que te hacen perder tiempo a través de una buena planificación. El primer importante paso que has de dar es elegir un buen planificador que se ajuste a tu estilo de vida, tanto si eres un estudiante, un profesional, o un padre o una madre dedicado por completo al cuidado de sus hijos. Planificar los eventos, tanto a corto como a largo plazo, te aportará serenidad, una meta en la vida y la sensación de alcanzar aquello que te propones.

En este capítulo aprenderás lo importante que es planificar cada día, así como las ventajas de planificar con antelación varios años de tu vida. También te divertirás creando una lista de las 100 cosas que te gustaría realizar en la vida y aprendiendo a hacer que esos sueños se conviertan en realidad.

# CÓMO ELEGIR
# Y UTILIZAR TU AGENDA

En cuanto te hayas comprometido a emplear bien el tiempo, el siguiente paso consiste en encontrar la herramienta adecuada que te ayude a mantener tus objetivos, cumplir con tus citas y, al mismo tiempo, que te ofrezca fácilmente una importante información.

Hay una gran variedad de planificadores para elegir: desde calendarios y planificadores electrónicos y de papel, hasta agendas basadas en programas informáticos y asistentes digitales personales. También existen

unas agendas dirigidas a profesionales, como los maestros, los abogados y los vendedores, o a determinados grupos, como los amantes de la jardinería o de los perros.

Al elegir una herramienta de este tipo, el mayor dilema consiste en qué formato utilizar: papel, electrónico o de mano (llamado también un asistente digital personal o PDA). Vamos a considerar las ventajas y las desventajas de cada uno de ellos.

En el mercado encontrarás agendas de papel de distintos tamaños y colores que contienen tanto el calendario como el año académico. Suelen mostrar un día, una semana o un mes por página. Si la tecnología no te gusta, como el poder ver sólo una semana o un mes por página, te sientes más seguro con una agenda de papel y prefieres escribir a utilizar un teclado, probablemente la agenda de papel sea la mejor opción para ti.

Las agendas con una semana o un mes por página son prácticas para aquellos a quienes les gusta ver una semana o un mes en una sola página. Pero si necesitas programar citas a diario, la agenda diaria con un montón de espacio para escribir las citas es una opción más acertada. Considera también el tamaño de tu letra: cuanto más grande sea, mayor tendrá que ser la página. Las agendas de papel también tienen sus ventajas: no necesitan pilas, son más económicas que las electrónicas y pueden usarse casi en cualquier parte, ¡salvo cuando estás conduciendo! Sus desventajas son que tienen una limitada capacidad para almacenar información, que hay que volver a anotar cada año la información básica, como los cumpleaños y los aniversarios, y que no puedes guardar en ningún otro lugar la información que contiene (a no ser que conserves una copia), de modo que si la pierdes, ¡estás perdido!

Los programas informáticos pueden ser unas buenas herramientas para ayudarte a emplear bien el tiempo, sobre todo si la mayor parte de éste utilizas un ordenador o un portátil (ya sea para trabajar o para uso personal), si te sientes cómodo con la informática, te gusta recordar los eventos programados visualmente o con sonido, y tiendes a guardar más información de la que una agenda de papel puede contener.

La mayoría de personas que utilizan un ordenador o un portátil tienen en el programa de su correo electrónico un calendario o un sistema para organizar las citas. También puedes utilizar un programa informático dedicado sólo a planificar el tiempo. Esta clase de sistemas te permiten clasificar, almacenar y organizar una cantidad casi ilimitada de información. Puedes programarlos para que la pantalla del ordenador se encienda y te avise con algún sonido cuando hayas de acudir a una cita, realizar una llamada telefónica o hacer cualquier otra cosa que habías planeado. Y permitir que los compañeros de trabajo, los empleados y los ayudantes pueden también acceder a esta clase de calendarios. La desventaja de un ordenador es que no puedes llevártelo a cualquier parte, y si el ordenador o el portátil se estropean y pierdes la información almacenada, suele ser muy difícil o imposible recuperarla, a menos que hayas hecho copias de ella.

La tercera clase de agenda es un asistente digital personal o PDA. Si viajas mucho y necesitas una agenda liviana de pequeñas dimensiones e intercambiar información electrónicamente entre el ordenador que tienes en el trabajo o en casa, y tu agenda, un PDA es probablemente la mejor elección. Esta clase de agendas tienen las mismas ventajas que los ordenadores, pero al ser además muy ligeras y pequeñas, constituyen el sueño de cualquier persona que tenga que viajar mucho. Aunque a veces tardes más en activar el PDA y encontrar el lugar adecuado para introducir tu información comparado con anotar algo rápidamente en una agenda de papel, su ventaja de poder almacenar una inmensa cantidad de información hace que sea una elección infinitamente superior. Si te aseguras de recargar las pilas del PDA regulamente y grabar la información por si perdieras el asistente digital, en ese caso es la mejor opción para ti.

A continuación encontrarás otros consejos que has de tener en cuenta al elegir tu agenda:

- Elige una sola agenda y utilízala siempre que hayas de programar algo, en cualquier lugar. Guarda en ella todos tus contactos, números de teléfono y aquello que hayas programado.

> **La gente vulgar sólo piensa en cómo pasar el tiempo. La gente especial piensa, en cambio, en cómo utilizarlo.**
>
> **ANÓNIMO**

- Deja siempre la agenda en el mismo lugar para que la encuentres fácilmente, quizá cerca del teléfono o sobre el escritorio. No olvides llevártela contigo cuando te vayas.

- Si deseas incluir tus objetivos a corto y a largo plazo, elige una agenda que te permita anotar y controlar tu progreso.

- No te vuelvas un esclavo de tu sistema de planificar el tiempo. Si creas una larga lista de cosas para «hacer» (y listas de tus listas) y lo programas todo hasta el último minuto, no podrás disfrutar de la vida y acabará siendo contraproducente para ti.

- Asegúrate de que tu forma de trabajar se ajusta al sistema de planificar el tiempo que elijas. Adáptalo para que encaje con tu estilo y clase de trabajo, el sistema es el que ha de trabajar para ti y no al contrario.

# PROGRAMANDO LA SEMANA

Programar tu vida semanalmente te ofrece un espacio de tiempo muy adecuado porque incluye tanto el tiempo laboral como el personal. Tiene la ventaja de cubrir un periodo de tiempo manejable y de ser una buena forma de abordar tu vida con una visión más amplia.

Elige un momento del día para programar la próxima semana. Algunas personas deciden hacerlo el viernes, después de trabajar, y otras el domingo por la noche. Hacerlo en un determinado lugar, como en el escritorio de tu casa o en la oficina, te ayudará a ser coherente con tu pro-

gramación semanal. Acuérdate de reservar un tiempo para llevarla a cabo.

Empieza volviendo a leer rápidamente la frase de la «misión de tu vida», del ejercicio 10 (p. 63), las frases de tus valores, del ejercicio 9 (p. 59) y tus objetivos a corto y a largo plazo (véanse pp. 61-62). Tener en cuenta estos elementos te ayudará a no perder tu objetivo de vista. Repasa a continuación la semana anterior y evalúa el progreso que has hecho en cuanto a las actividades planeadas. ¿Has sido capaz de realizar tus actividades importantes? Si no es así, ¿por qué ha sido? Esta información te será muy útil a medida que vayas programando tu tiempo semanalmente con más eficiencia y precisión. El siguiente paso consiste en concentrarte en la próxima semana. ¿Qué es lo que te gustaría alcanzar en ella? ¿Son tus expectativas realistas? No intentes hacer demasiadas cosas, porque acabarías frustrado, estresado y agotado. Ni demasiado pocas, porque te aburrirías y no conseguirías hacer gran cosa. Poco a poco irás sintiendo cuántas cosas puedes llegar a hacer en una semana cómodamente.

## Cómo programar la semana

Programar tu vida semanalmente te ayudará a dejar de tener problemas con el tiempo, porque trabajarás con un espacio de tiempo más proactivo, de una manera más directa y realista.

- Programa tus tareas más importantes para el inicio de la semana, así te asegurarás de tener tiempo para hacerlas.
- Sé consciente de las fechas tope. Adquiere el hábito de programar las tareas de manera que las acabes antes del tiempo fijado, el sobrante te resultará muy útil en el caso de encontrarte con cualquier emergencia o imprevisto.
- Es mejor que te reserves más tiempo del necesario para terminar un

proyecto que hacer corto, de esta forma podrás acabarlo en el plazo fijado aunque se produzcan interrupciones o retrasos, y trabajarás de una forma más relajada y menos estresante.

- Si tienes una reunión, programa un determinado tiempo para ella.
- Haz que las citas sean lo más seguidas posibles. Si tienes dos citas en el mismo edificio (o en el despacho de tu casa), haz que sólo tengas cinco minutos de descanso entre una y otra.
- Programa tu trabajo como si tuvieras una cita contigo mismo.
- Si has de interrumpir la tarea programada para ocuparte de una emergencia, asegúrate de volver a programarla lo antes posible.
- En cuanto hayas programado tus prioridades, programa las otras actividades menos importantes.

## ¿Cuanto tiempo tardaré en realizarla?

Si no estás seguro de cuánto te tomará hacer una determinada tarea, hazte las siguientes preguntas:

- ¿Qué es lo que he de hacer?
- ¿Qué materiales necesito? ¿Cuánto tiempo tardaré en reunirlos?
- ¿Cuándo la haré?
- ¿Puedo hacer toda la tarea a la vez o he de dividirla en etapas?
- ¿Puedo realizarla yo solo o necesito la ayuda de alguien? Si es así, ¿cuándo podré disponer de esa ayuda?

Después de haberlo hecho, comprueba si el tiempo que habías previsto para ella cuadra con la realidad. Si no fuera así, averigua la causa y utiliza esta información la próxima vez que necesites saber cuánto tiempo te llevará hacer algo.

# Analiza el tiempo del que dispones

¿Cómo puedes administrar semanalmente tu tiempo si no estás seguro de cómo lo estás empleando? Este ejercicio te ayudará a ver las horas que tiene una semana y el tiempo que necesitas para llevar a cabo tu trabajo y tus actividades.

**1.** Traza en una hoja de papel dos columnas: titula la de la izquierda «Actividades» y la de la derecha «Horas empleadas». En la columna «Actividades» enumera todo cuanto hiciste la semana pasada: dormir, comer, trabajar, desplazarte para ir al trabajo, hacer las tareas domésticas y los recados, alternar, mirar la televisión... No te dejes nada. Después, utilizando tu diario o el tiempo programado en el ejercicio 8 (p. 49), y teniendo en cuenta que una semana tiene 168 horas, escribe en la columna de la derecha cuánto tiempo tardaste en hacer cada actividad la semana anterior.

**2.** Suma las horas que has empleado en total. A continuación resta esta cifra a la cantidad de 168 horas. ¿Te ha quedado tiempo? ¿O te ha faltado? (No es tan raro como parece, porque a veces hacemos más de una cosa a la vez).

**3.** Analiza los resultados. Si te ha quedado tiempo, consulta la lista de objetivos a corto y a largo plazo y asígnales un poco más de tiempo. Y si te han faltado horas, vuelve a examinar el tiempo del que dispones para encontrar más tiempo para las actividades importantes. Ten en cuenta que necesitas reservarte unas horas para dormir lo suficiente, para comer saludablemente y para trabajar. Pero ¿necesitas realmente mirar la televisión? ¿No podrías emplear ese tiempo en otras cosas más útiles? Intenta redistribuir el tiempo que te sobra, hasta administrarlo todo a la perfección. Gracias a esta «poda» incluso puede que te quede un poco de tiempo libre.

# TU PROGRAMA DIARIO

Los grandes administradores del tiempo utilizan tres herramientas esenciales en la programación diaria: una lista básica, una lista de las cosas que «debo hacer» y un programa de citas y reuniones. La lista básica consiste simplemente en una lista de todo cuanto has de hacer, y aparte debes tener otra de lo que «debo hacer». La lista básica no tiene por qué contener actividades prioritarias, sólo sirve para enumerar las cosas que «necesitas hacer». Esta clase de lista impide que te olvides de realizar algo importante. Para crear tu lista diaria de las cosas que «debo hacer» puedes consultar tu lista básica.

La lista de las cosas que «debo hacer» te ayuda a concentrarte en las actividades y las prioridades de un determinado día. Tenderás más a poder hacerlo todo si tienes una lista y escribes tus planes para el día, ya que este método hace que tus responsabilidades parezcan más manejables y menos abrumadoras. Consulta la lista a media mañana y de nuevo a la hora de comer para asegurarte de estar haciendo primero las cosas prioritarias. Asegúrate de que la agenda que utilizas, tanto si es de papel, electrónica o de mano, te ofrece el suficiente espacio como para crear y actualizar tu lista fácilmente.

Otra sugerencia para mantenerte concentrado y motivado cada día es leer al levantarte por la mañana la lista de objetivos a corto y largo plazo, incluso puedes volver a escribirla si dispones de tiempo. Es un método fabuloso para mantenerlos presentes y valorarlos.

Al final de tu jornada laboral o de estudio, dedica cinco minutos para programar el día siguiente. Si esperas a hacerlo a la mañana siguiente, podría surgir alguna interrupción que te lo impidiera. El primer paso que debes dar es repasar cualquier compromiso que tengas a una determinada hora y averiguar si te queda tiempo para cumplirlo. No te olvides de incluir el tiempo que tardas en ir a las reuniones y en volver a casa, sobre todo si vives en una gran ciudad donde los atascos y los problemas con el transporte público pueden retrasarte.

Utilizando tu agenda para planificar el tiempo y todo cuanto te quede por realizar de tu lista de hoy de «Debo hacer», escribe todo lo que quisieras llevar a cabo el día siguiente. En cuanto hayas escrito esta lista, elimina de ella todas las tareas posibles. Pregúntate si has de hacerlas personalmente. ¿Puedes delegar alguna de ellas en tu pareja, hijos, amigo o compañero de trabajo? Si es así, pídeles que te ayuden.

Traza en una hoja de papel tres columnas (o bájate de internet la plantilla de www.lucymacdonald.com) y escribe los números en la parte izquierda. Titula las columnas: «Debo hacer», «Me gustaría hacer» y «Volver a programar».

Antes de decir qué tareas han de ir en cada una de las columnas, hazte las siguientes preguntas sobre ellas:

- ¿Es esencial que la haga hoy?
- ¿Puedo volver a programarla sin que me cause ningún problema?
- ¿Me ayuda esta tarea a alcanzar mi objetivo semanal? ¿Mi objetivo mensual?
- ¿Puedo eliminarla de la lista sin que me cause ningún problema?

Reparte ahora las tareas de tu lista de «Debo hacer» entre las tres columnas. Programa primero la de «Debo hacer», y añade después las actividades de la lista «Me gustaría hacer». Utiliza la columna de «Volver a programar» para ello, y anota en tu agenda la nueva hora y fecha en que terminarás esa tarea. Si has reprogramado algo más de tres veces, considera por qué está en tu lista y delega quizá la tarea en alguien o elimínala de ella.

Mantén tu programa diario. Afronta las interrupciones no urgentes diciendo a la gente que tienes una fecha tope y que podrás hablar con ellos en las horas programadas. Consultar los mensajes del contestador y el e-mail en un determinado momento del día, como a media mañana y a media tarde, te ayudará a cumplir con tu programa. Mantén el espacio en el que trabajas organizado guardando cada proyecto o tarea en su correspondiente carpeta. Cuando hayas terminado una tarea, guarda la carpeta con la documentación de la misma antes de empezar otro proyecto.

Evalúa al final del día tus logros y enorgullécete de lo que has conseguido llevar a cabo. Crea una nueva lista de «Debo hacer» para el día siguiente, así puedes olvidarte del trabajo y disfrutar del tiempo que dispones para ti. Al terminar la jornada, ordena el escritorio y olvídate del trabajo con la tranquilidad de saber que ya has programado las horas del próximo día.

# Programa el día de la forma más fácil

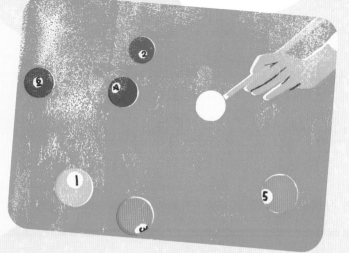

**Todos nos sentimos abrumados a veces al pensar en cuántas cosas hemos de hacer en un día. Este ejercicio te enseña un rápido método para programar el día que constituye una fácil introducción al concepto del dinamismo.**

**1.** Crea al final del día una lista de todo cuanto deseas hacer el día siguiente.

**2.** Elige las seis tareas más importantes de la lista y numéralas del uno al seis.

**3.** Al iniciar el día, empieza con la primera tarea de la lista y sigue hasta terminarla o haber hecho la mayor parte posible de ella.

**4.** Pasa luego a la segunda tarea y actúa del mismo modo que con la anterior. No empieces con la tercera hasta haber terminado antes la segunda.

**5.** Si te ves obligado a iniciar cualquier otra tarea durante el día, hazla sólo si es más importante que la que estabas ejecutando. Y si no es así, añádela simplemente al final de la lista de tareas prioritarias al revisar la lista al final del día.

**6.** Cuando hayas terminado las seis tareas de la lista o hayas hecho la mayor parte posible de las mismas, crea otra nueva lista de tareas prioritarias para el día siguiente.

**7.** Aunque al final del día no hayas podido terminar las seis tareas de la lista, tienes la satisfacción de saber que has hecho las más importantes.

# LA PROGRAMACIÓN
# A LARGO PLAZO

S i no sabes hacia dónde te diriges, en ese caso tomarás cualquier camino. Los ejercios 9, 10 y 11 deben ya haberte ayudado a identificar algunos de tus objetivos a corto y a largo plazo. Ahora vas a observar tu vida desde una perspectiva más amplia.

### Las cien cosas que te gustaría hacer en tu vida

Esta actividad es ideal para realizarla con la familia o con un grupo de amigos. A los niños les encanta y es muy divertido ver cómo su lista cambia con el tiempo. Adquiere algunos bonitos blocs de notas o diarios y ofrécelos a tu familia o amigos para que puedan escribir su propia lista en ellos y utilizarlos una y otra vez cuando las vuelvan a examinar cada año.

Para llevarla a cabo has de crear una lista con cien cosas que te gustaría hacer. Escribe todas las que se te ocurran y más tarde ve añadiendo otras, anotando al lado la fecha en que se te ha ocurrido para tener una referencia en el futuro. No te pongas límites preocupándote por el dinero que puedan costarte o por si conseguirás realizarlas. Escribe tus sueños y deseos a medida que te vengan a la cabeza. Por ejemplo, tu lista podría incluir: viajar por todo el mundo, correr una maratón, escribir un libro o escalar el Everest. Al final de cada año resérvate un tiempo para repasar la lista, tacha lo que hayas conseguido y añade nuevos proyectos.

> **«Es indudable que cuanto menos tenemos por hacer, menos tiempo encontramos para hacerlo.»**
>
> **IV CONDE DE CHESTERFIELD (1694-1773)**

# Fija tus objetivos para los próximos cinco años

**Planificar cinco años no te asegura que vayas a alcanzar todo cuanto deseas hacer en ese tiempo, pero te ofrece más oportunidades de lograrlo. En este ejercicio puedes concentrarte tanto en tu vida personal, como en tu carrera o tu negocio.**

**1.** Resérvate un tiempo, preferiblemente medio día o incluso un fin de semana, para hacer un pequeño retiro y planear en él lo que vas a hacer en los próximos cinco años. Puedes realizarlo en tu casa o ir a algún lugar tranquilo para sentir que te apartas de tu rutina diaria.

**2.** Relájate primero un poco y piensa después qué deseas alcanzar en esos cinco años. Escribe, si aún no lo has hecho, la frase de «tu misión en la vida» del ejercicio 10 (p. 63). Responde a la pregunta: «¿Cuál es el objetivo de mi vida?».

**3.** Hazte también las siguientes preguntas: ¿Cómo me gustaría que fuera mi vida en los próximos cinco años? ¿Me gustaría vivir con alguien o solo? ¿Cómo deseo pasar mis días? Quizá deseas ser una madre o un padre y ver durante los próximos cinco años que tus hijos forman parte de tu vida. ¿Hasta dónde te gustaría que llegara tu negocio? ¿En qué nivel de tu carrera te ves? Y otras preguntas parecidas...

**4.** Planea los pasos que has de dar para que tu sueño se cumpla. ¿Necesitas ahorrar una cierta cantidad de dinero al año? ¿Asistir a algún curso? ¿Conocer a nuevas personas? Fíjate unos objetivos anuales que te ayuden a alcanzar tus planes para esos próximos cinco años.

# 5

# Cómo planificar el tiempo en el trabajo

Sea cual sea la clase de trabajo que hagamos, todos tenemos el mismo objetivo: realizar el máximo trabajo posible en el tiempo asignado. Una forma de ahorrar tiempo y ser más eficientes es trabajar con dinamismo y usar mejor las herramientas que tenemos al alcance.

Este capítulo te ayudará a organizar tus contactos laborales, te enseñará a despejar tu oficina y a ordenar los montones de papeles, y te facilitará la información necesaria para utilizar la última tecnología concebida para ahorrarte tiempo. En él encontrarás también unos consejos para ser el dueño de tu teléfono y e-mail que te permitirán ser más productivo y volver más pronto a casa.

# ORGANIZA TUS
# CONTACTOS LABORALES

Antes cuando querías contactar con alguien, le llamabas por teléfono a su casa o al trabajo, o si el asunto podía esperar, le escribías una carta. Hoy día, en cambio, hay montones de métodos para ponerse en contacto con la gente: llamándola por teléfono a su casa o al trabajo, llamándola al móvil, enviándole un fax o un e-mail, o bien escribiéndole una carta. Por eso ahora pasamos más tiempo que nunca actualizando la información de nuestros contactos laborales.

Según unos estudios recientes efectuados por el Instituto de Almacenamiento de Datos norteamericano, del 25 al 35 por ciento de las bases de datos pierden actualidad al cabo de un año. La información obsoleta de los contactos laborales puede hacerte perder tiempo e incluso también algún negocio. Por eso es tan fundamental actualizarla periódicamente, por ejemplo, cada año, y asegurarte de que tus empleados y tus compañeros de trabajo tengan acceso a la información.

Las profesiones como los asesores, los contratistas, los profesionales de la salud, los abogados y los vendedores dependen de ir aumentando y manteniendo las relaciones con los pacientes o los clientes. Como en estos casos es prácticamente imposible depender de la memoria, puedes manejar estas relaciones o contactos con más facilidad y eficiencia si utilizas unos programas informáticos diseñados para ello. Esta clase de programas crean una base de datos de información para ayudarte a mantenerte al día en cuanto a los detalles básicos. Dependiendo de la naturaleza de tu trabajo, puedes dividir los contactos laborales en varias categorías como, por ejemplo: los pacientes o clientes, los posibles pacientes o clientes, los vendedores y proveedores, y los compañeros de trabajo fundamentales. La mayoría de esta clase de programas te permiten reunir una detallada información. Por ejemplo, puedes saber cuándo tuviste la última cita con una determinada persona y disponer de una lista de las fechas de vuestras conversaciones telefónicas, así como de tus notas sobre lo que se dijo en ellas y de cualquier carta y e-mail enviado y recibido. Si vendes algún producto o ofreces algún servicio, esta clase de programas también pueden evaluar tus progresos en marketing y en ventas y los resultados que te han aportado.

Los siguientes consejos te ayudarán a elegir el programa más adecuado para tus contactos laborales:

**Asesoramiento:** Pide a tus amigos y compañeros de trabajo que te digan cuál es el programa informático que usan y pregúntales las ventajas y desventajas que tiene.

**Fácil de usar:** Busca un programa que puedas empezar a utilizar enseguida, no es una buena idea elegir uno que requiera hacer un cursillo intensivo para aprender cómo funciona. Otro factor importante es poder acceder fácilmente a un servicio técnico informático por si tienes alguna pregunta o problema relacionado con el programa.

**Sincronización:** Intenta utilizar un programa que te haga ahorrar tiempo al integrarse fácilmente en el software de tu procesador de textos y de tu e-mail.

**Eficacia:** Pregunta a los compañeros de trabajo o a la asociación profesional a la que perteneces si existe algún programa diseñado especialmente para los temas que tratáis.

«En realidad, todos tenemos tiempo para aquello que decidimos realizar, lo que nos falta no son horas, sino ganas de hacerlo.»

**SIR JOHN LUBBOCK (1834-1913)**

Una vez hayas elegido el programa adecuado, mantén los contactos laborales lo más al día posible actualizando la información a medida que ésta te llegue a tu despacho. No te olvides de imprimir una copia de tus contactos o de hacer una copia electrónica de esta información por si se destruyera.

## Organiza las tarjetas de los contactos laborales

Después de un desayuno de trabajo vuelves a la oficina con los bolsillos llenos de tarjetas de tus nuevos contactos. Pero si te limitas a añadirlas a la pila de los últimos meses que no cesa de crecer, no podrás localizar estos nuevos contactos fácilmente. Intenta utilizar los siguientos consejos para ahorrar tiempo al organizar las tarjetas de manera eficaz.

• Cuando vuelvas de un viaje de negocios, de una feria de muestras o de una reunión, haz que una de tus primeras tareas sea organizar las tarjetas que te han dado.

• Clasifica las tarjetas y conserva sólo las que te resulten útiles. Pregúntate si lo más probable es que vuelvas a ponerte en contacto con aquella persona. En caso afirmativo, ¿por qué sería y cuándo lo harías? Despréndete de las que no te sean de utilidad.

• Escribe una breve nota detrás de cada tarjeta para acordarte de dónde y cuándo conociste a esa persona. Puedes hacerlo mientras estás con ella o después de despediros, para no olvidarte. Incluye alguna información personal que te haya dado, como por ejemplo, la universidad en la que estudió o cuántos hijos tiene, para conectar bien con ella la próxima vez que os veáis o que os relacionéis de nuevo.

• Elimina anualmente las tarjetas que ya no te sirvan. Si no te has puesto en contacto con alguien durante un año, envíale un e-mail y pregúntale si desea ponerse en contacto contigo en un futuro. Si no te contesta, despréndete de su tarjeta.

**Guarda las tarjetas seleccionadas**

Una vez hayas seleccionado las tarjetas que deseas conservar, utiliza un archivador giratorio con las letras del alfabeto para organizar las tarjetas por categorías, como por ejemplo: el contable, el fontanero, etc. O si parte de tu trabajo consiste en manejar cientos de tarjetas, plantéate adquirir un escáner que puedas conectar a tu ordenador para almacenar toda esa información directamente en tu base de datos y ahorrarte así tiempo.

# CÓMO ORGANIZAR
# LOS PAPELES

La llegada de la tecnología informática pronosticó las oficinas sin papeles. Sin embargo, sólo has de echar un vistazo a la mayoría de oficinas para ver que esto no ha ocurrido. Una encuesta realizada en el 2002 por la Universidad de California reveló que las oficinas de todos los lugares del mundo utilizaban un 43 por ciento más de papel que en 1999. Se estima que el 90 por ciento de la información de los negocios se encuentra en papel. Algunos expertos afirman que el promedio por persona es de 150 horas empleadas al año buscando en los desordenados escritorios y archivos la información perdida o traspapelada.

Organizar los papeles te permite establecer un sistema para procesar, almacenar y encontrar la información importante. Empieza a hacerlo clasificando primero los papeles del día, de lo contrario simplemente estarás creando otra pila que más tarde habrás de ordenar.

### El fluir diario de papeles

- Ordena los papeles en cuanto te lleguen al despacho y archívalos después lo antes posible.
- Al archivarlos, coloca los papeles más recientes encima, para poder ver las cartas más recientes cada vez que abras el archivador.
- Designa una bandeja de «entrada» para el material diario que te vaya llegando y elige un momento del día para clasificarlo y procesarlo.
- Crea una lista básica de todas tus carpetas para usarla como una rápida guía de referencia. También resultará de utilidad si un compañero de trabajo necesita encontrar un determinado papel cuando tú no estás en la oficina.

# Escala la montaña de papeles

**Al contrario de lo que todo el mundo suele hacer, un escritorio no es el lugar más adecuado para apilar la montaña de papeles que se genera en la mayoría de oficinas. Este ejercicio te ayudará a organizar y controlar ese montón de papeles.**

**1.** Decide qué papeles conservar y cuáles tirar haciéndote las siguientes preguntas: ¿Es útil esta información? ¿Mejorará mi productividad de algún modo? ¿Necesito conservar estos papeles ahora que el proyecto o la tarea ya está terminado?

**2.** Crea y utiliza estas carpetas para clasificar y localizar tus papeles:

**En breve:** cualquier cosa que requiera tu atención personal y que hayas debido posponer mientras estabas clasificando los papeles. Para no olvidarte de ella, añádela a tu lista básica de «Debo hacer».

**Para leer:** cualquier artículo de revista o periódico que desees leer. Coge esta carpeta cuando salgas de la oficina para poder leerlos mientras vas en metro o esperas ser recibido en una cita.

**Pendientes:** los papeles que están esperando una respuesta o una información adicional.

**Para archivar:** el material que hayas de archivar enseguida.

**3.** Dependiendo de tu clase de trabajo, también puedes necesitar otras carpetas, como:

**Para delegar:** cualquier papel del que otro se pueda ocupar.

**Ideas:** si tu trabajo es de una naturaleza creativa, esta carpeta es perfecta para guardar tus ideas, así podrás revisarlas y desarrollarlas.

**Facturas:** las facturas relacionadas con los trabajos encargados. Archívalas en cuanto las hayas pagado.

# DESPEJA TU DESPACHO

Los despachos abarrotados pueden ser una fuente de estrés, irritación y pérdida de tiempo. La presión te sube mientras ves el desorden que reina en él, ha llegado el momento de hacer algo al respecto. Como supongo que no estás en posición de poder contratar a un organizador profesional (¡con el que todos soñamos!), pide a un amigo o a un compañero de trabajo que te ayude a sacar temporalmente el máximo material posible de tu despacho y que lo guarde en cajas. Si puedes permitírtelo, contrata a alguien para que limpie tu despacho, pinte de nuevo las paredes, friegue el suelo, saque el polvo y limpie los cristales de las ventanas. Y si no puedes darte este lujo, hazlo tú mismo en la medida de tus posibilidades.

**Clasifica el material acumulado en estas categorías:**
- Objetos para el despacho: conserva sólo el material que necesites para tu trabajo y evita tener más objetos de los necesarios.
- Objetos para regalar: si no has usado un objeto durante dos años o más, regálalo a algún centro benéfico.
- Objetos para arreglar: resérvate un tiempo para repararlos o llama al técnico adecuado para que lo haga.
- Cualquier otro objeto: si hay algo que no encaja en ninguno de estos grupos, llévatelo a casa, recíclalo o ¡tíralo!

Despeja el despacho o la oficina anualmente. Procura que todos los que vayan a ayudarte vistan ropa informal y compartid un almuerzo con la comida que cada uno de vosotros haya aportado. Al final del día da algunos premios divertidos por el documento más antiguo descubierto, por la mayor cantidad de material ordenado y por el objeto más inusual encontrado en uno de los archivadores.

## Ordena y decora tu despacho inspirándote en el Feng Shui

El Feng Shui se basa en el concepto oriental del *chi,* la energía de la fuerza vital. Según los principios del Feng Shui, si tu despacho está organizado correctamente, el fluir del *chi* será fluido y armonioso, lo cual fomentará tu bienestar y calidad de vida. Un despacho o una oficina abarrotados de objetos atrapan el *chi* y pueden hacerte sentir deprimido y desaminado. Los siguientes consejos te servirán para aplicar los principios del Feng Shui en tu despacho.

- Despeja el lugar para que la energía pueda circular. Deja en el escritorio sólo los objetos que necesites para las tareas que estás realizando y los que te ayudan a ser realmente eficiente.

- Coloca el escritorio de cara a la puerta de entrada de modo que al sentarte ante él tu espalda quede cerca de la pared. Esta posición se conoce como «la del poder». Según el Feng Shui, te permite contemplar cómo los nuevos negocios entran por la puerta mientras la pared que hay detrás de ti te protege.

- Repara o reemplaza todos los objetos que estén rotos en el momento oportuno, porque los que no funcionan crean una energía negativa.

- Haz que tu despacho tenga un ambiente atractivo, así te animará a hacer tu trabajo. Decóralo con objetos que te resulten agradables, como inspiradoras obras de arte o fotografías de seres queridos.

- Asegúrate de estar cómodo en él. Adquiere una buena silla y comprueba si el escritorio y el ordenador se encuentran a la altura adecuada, si el teclado está en la posición correcta y si tienes el teléfono a mano, porque si estás incómodo te cansarás con mayor facilidad y tardarás más en realizar tu trabajo.

- Si tu despacho se encuentra en un espacio abierto, intenta suavizar las esquinas decorándolas con plantas para que el ambiente sea agradable para todos los que trabajan en él.

# LA TECNOLOGÍA PARA AHORRAR TIEMPO

Hay tantas tecnologías diseñadas para ahorrar tiempo que podemos sentirnos abrumados al intentar elegir la que más nos convenga. Al considerar cuál de ellas es la más adecuada para tu despacho, pregúntate: ¿Vale la pena la inversión de dinero y tiempo que haré en esta tecnología? ¿Es sencilla de usar y de instalar? ¿Cómo me ayudará a ahorrar tiempo y a ser más productivo? ¿Es el producto fiable y fácil de encontrar?

## Ordenadores

Es muy importante adquirir un ordenador que sea adecuado para la clase de trabajo que hagas. Por ejemplo, los que desean utilizarlo para diseñar gráficos tienen unas distintas necesidades que quienes los usan como una máquina de escribir electrónica y un archivador. La velocidad de procesamiento del ordenador se mide en megahercios (mhz) y económicamente tiene sentido adquirir el ordenador más rápido que puedas permitirte. Intenta prever qué es lo que necesitarás que tu ordenador haga durante los dos próximos años y compra el que más satisfaga estas exigencias. En este periodo de tiempo un sistema puede quedar obsoleto fácilmente y, si te ocurriera, te verías obligado a invertir más tiempo y dinero en un nuevo ordenador.

¿Cómo puedes decidir si lo mejor es comprar un ordenador de mesa o un portátil? Si sabes que necesitarás utilizarlo en dos o más lugares, elige un portátil. Si viajas mucho, esta clase de ordenador aumentará tu productividad, ya que te permitirá trabajar en el aeropuerto o en la habitación del hotel.

> «El tiempo es lo más valioso que podemos gastar.»
>
> **TEOFRASTO**
> **HACIA 371-287 A. C.**

### Internet de alta velocidad

Una conexión a internet de alta velocidad, conocida también como banda ancha, te ahorrará mucho tiempo al utilizar la red. Si no tienes esta clase de conexión puedes perder un montón de tiempo descargando archivos o esperando a que una página web se abra. Y lo mismo te ocurrirá con el e-mail, sobre todo si trabajas en un campo técnico o creativo, porque los archivos adjuntos al e-mail son cada vez más extensos. A medida que el uso del vídeo on line se va extendiendo, permitiéndote ver desde música hasta las noticias, la banda ancha constituye una herramienta esencial en el trabajo.

### Memorias USB

Las memorias o llaveros USB son unos pequeños dispositivos para almacenar y transportar archivos digitales que te permiten acceder de inmediato a documentos y archivos sin tener que preocuparte de llevar tu portátil o CD contigo. Son fáciles de usar y para un rápido sistema de transferir información basta con conectarlos a la entrada USB del ordenador. Son una importante herramienta para las personas que suelen hacer presentaciones y no desean cargar con el portátil.

### Videoconferencias

Las videoconferencias son una herramienta de trabajo que te permiten comunicarte con los clientes y los compañeros de trabajo de todo el mundo sin abandonar el despacho o la oficina. Te ahorran tiempo porque eliminan las horas que pasarías volando en avión, viajando, esperando en las terminales de los aeropuertos o en la puerta de embarque y sufriendo los retrasos de los vuelos.

### El teléfono

Al elegir un teléfono para tu despacho necesitas tener en cuenta cuántas extensiones necesitas, la capacidad del contestador automático que más te conviene y prever el crecimiento de tu negocio. Otras útiles características que puede incluir el teléfono elegido son: un identificador de llamada, para decidir si deseas o no atenderlas, un teléfono con altavoz, ideal para escuchar las llamadas en las conferencias, y el sistema de manos libres, que te permite tomar notas mientras hablas por teléfono.

### Impresora

Al adquirir una impresora, lo más importante para ahorrar tiempo es tener en cuenta su velocidad. La velocidad se mide por las páginas que imprime por minuto o ppm: cuanto más elevada sea la cifra de las ppm, más rápida será la impresora. Imprimir documentos en color lleva más tiempo, por eso es importante considerar este factor si normalmente imprimes folletos, manuales o gráficos.

## Fax

Aunque hay quien cree que los faxes son un dinosauro tecnológico, pueden ahorrarte mucho tiempo en la oficina. Muchos programas informáticos te permiten enviar o recibir faxes directamente de tu ordenador, pero antes de poder enviarlos necesitarás invertir un determinado tiempo en escanear los documentos, una tarea que puede exigir un considerable tiempo. A veces un fax normal, de los antiguos, puede hacer el mismo trabajo en menos tiempo.

## Los equipos multifuncionales

Invertir en un equipo multifuncional que incluye un fax, una fotocopiadora, una impresora y un escáner puede dinamizar una variedad de procesos ahorrándote tiempo y dinero. Pero ten cuidado de no utilizar la tecnología por el mero hecho de utilizarla, adquiere sólo el equipo multifuncional con las características que necesitas y que utilizarás, de lo contrario la adquisición sería contraproducente.

# EL CORREO ELECTRÓNICO

Si te da pavor consultar tu correo electrónico porque recibes un montón de e-mails al día, no eres el único al que le ocurre. Los estudios revelan que en el trabajo pasamos a diario unas dos horas leyendo y respondiendo los e-mails, y lo más probable es que este tiempo aumente. Buscar un sistema para resolver este problema te ayudará e reducir el estrés y a aumentar la productividad.

A continuación encontrarás algunas de las preguntas más frecuentes y las correspondientes respuestas sobre cómo consultar el correo electrónico y ahorrar tiempo al hacerlo.

**¿Con qué frecuencia he de consultar el e-mail?** Depende de tu situación en el trabajo. Para la mayoría de nosotros es suficiente consultarlo tres veces al día: quizá al levantarte por la mañana, al mediodía y al final del día. No respondas los e-mails en cuanto los recibas. Muchos programas de correo electrónico tienen un dispositivo que te avisa cuando entra un nuevo e-mail. A no ser que tu trabajo requiera contestarlos en el acto o que esperes un e-mail urgente, apaga el dispositivo de alerta y consulta el correo electrónico sólo en las horas que te hayas fijado para ello.

«Buscar tiempo es perder el tiempo.»

**FRANCIS BACON**
**(1561-1626)**

**¿Cuál es la mejor forma de utilizar la bandeja de entrada?** Tu bandeja de entrada sólo ha de contener los e-mails que estás esperando o que requieren emprender una acción. Fija tu programa de correo electrónico para que los clasifique automáticamente en unas carpetas preestablecidas (véase la siguiente pregunta). El objetivo es leer cada mensaje de e-mail sólo una vez, responderlo, guardarlo, reenviarlo o borrarlo.

**¿Cómo puedo ahorrar tiempo al enviar y recibir e-mails?**

- Utiliza la casilla «asunto» para dar al receptor una indicación sobre lo que trata el e-mail.

- Al responder un e-mail, cambia el texto de la casilla «asunto» para que refleje el contenido del nuevo mensaje.

- Sé lo más claro y conciso posible.

- Cíñete a un tema principal por e-mail, sobre todo si pides al receptor que actúe en una serie de distintos temas.

- Expresa con claridad la actuación que esperas por parte del receptor.

- Crea un archivo de firma (consulta tu programa de e-mail) que incluya automáticamente la información de la persona con la que has contactado al final de cada e-mail.

**¿Cómo pueden las carpetas de correo ahorrarme tiempo?**

Si recibes más de diez e-mails al día, las carpetas te ahorrarán mucho tiempo. Puedes separar los e-mails importantes de los menos importantes programando tu correo para que reconozca las palabras clave y enviar los mensajes directamente a las carpetas de los proyectos o a las de los clientes. Este sistema te permitirá encontrar los e-mails más importantes con mayor facilidad y evitará que te pasen por alto al no estar mezclados con todos los demás.

**¿Cuándo es contraproducente utilizar el correo electrónico?** El correo electrónico no es la mejor elección si se trata de un asunto urgente y no deseas perder un valioso tiempo. Si sabes que el receptor está en su oficina o puedes llamarle al móvil, resolverás el asunto con más rapidez si lo llamas. Si sabes que tu respuesta a un e-mail va a ser larga y compleja, coger el teléfono y mantener una conversación con la persona que te lo ha mandado te ahorrará tiempo.

# ¿ERES ESCLAVO DEL TELÉFONO O DUEÑO?

Las llamadas telefónicas pueden hacerte perder mucho tiempo en el trabajo, pero si aplicas unos determinados criterios, lo aprovecharás mejor. Controlas más tu tiempo cuando eres tú el que hace la llamada y no el que la recibe. También te ahorrarás tiempo pre-programando en el teléfono los números a los que más llamas. Al llamar a alguien, pregunta si es un buen momento para ello, dile el tiempo aproximado que te va a tomar la llamada y fija un límite de tiempo para la conversación. Si no le has llamado en el momento adecuado o si no tiene suficiente tiempo para hablar contigo, pregúntale a que hora le va bien que le llames. Asegúrate de tener delante todas las notas y documentos importantes que necesites al hacer la llamada para evitar perder tiempo buscándolos y mantener a la otra persona esperando. Haz todas las llamadas no urgentes en un determinado momento del día.

Para ahorrar tiempo en el trabajo utiliza un teléfono con identificador de llamada para ver quién te está llamando y responder sólo a aquellas personas que te ayudarán a terminar las tareas del día. Al coger el teléfono, pregunta amablemente al interlocutor cuánto tiempo va a tomarle la llamada. Si te dice unos pocos minutos y sabes por alguna experiencia anterior que respetará este límite de tiempo, atiende la llamada. Pero si sabes que suele alargarse más de la cuenta, o si no es el momento más adecuado para ti, dile que ahora no tienes tiempo de hablar y pídele que te llame a una hora que os vaya bien a ambos.

# Controla el tiempo que hablas por teléfono

**Controlar el tiempo que hablas por teléfono en el trabajo te mostrará cuándo tiempo dedicas a hacer y recibir llamadas, lo cual te ayudará a reducir las llamadas innecesarias. Para hacer este ejercicio necesitas una hoja de papel grande, una regla y un bolígrafo.**

**1.** Traza con la regla ocho columnas en la hoja de papel. Titúlalas de izquierda a derecha: Fecha, Nombre del interlocutor/receptor, Llamada recibida/Hecha, Contestador automático, Duración, Razón de la llamada, Útil/Inútil.

**2.** Ve rellenando, durante dos semanas, las columnas pertinentes a medida que hagas o recibas las llamadas.

**3.** Suma el tiempo que has pasado hablando por teléfono durante el día, después el tiempo semanal y, por último, el de las dos semanas.

**4.** Suma ahora la cantidad de tiempo que has empleado en las llamadas útiles y luego en las que consideras inútiles. Repasa las razones de las llamadas para ver si hay algún patrón: podría ser una persona que siempre está llamando, o quizá que estás intentando hablar con alguien y nunca lo encuentras. Plantéate si puedes hacer algo para ahorrarte las llamadas que te hacen perder tiempo. Por ejemplo, tal vez sea más fácil ponerte en contacto con la persona que no encuentras nunca enviándole un e-mail.

**5.** Utiliza a largo plazo tu libreta, tu agenda diaria o tu programa informático de contactos laborales para anotar las llamadas telefónicas importantes. Aparte de incluir los nombres de las personas y sus números de teléfono, indica también los puntos más importantes de vuestras conversaciones, ya que esta información puede resultarte útil en el futuro.

# CÓMO REALIZAR UN PROYECTO CON EFICACIA

Los que realizan un proyecto con eficacia lo entregan en el plazo fijado sin superar el presupuesto. Un proyecto se inicia y termina en unas fechas en concreto y para ejecutarlo se utilizan unos determinados recursos: como dinero, insumos, personal y tiempo. Los proyectos tienen una meta y un objetivo, y cada proyecto sigue una secuencia lógica de eventos, utilizando los recursos disponibles para terminarlo en la fecha fijada. Hazte las siguientes preguntas: ¿Cuál es el objetivo del proyecto? ¿En qué fecha se ha de iniciar y terminar? ¿Qué recursos necesito para realizarlo? ¿Qué tareas me exige para llevarlo a cabo? ¿Quién es el responsable de cada tarea y cuándo ha de haberla terminado?

Al realizar un proyecto hay tres elementos que has de equilibrar: el tiempo que tardarás en hacerlo, el coste y la cualidad. Pueden conside-

## Cómo crear un programa que sea realista

Al realizar un proyecto, los dos retos más importantes que has de afrontar son: cómo disponer del tiempo suficiente para terminarlo en el plazo fijado y cómo reconocer y evitar los obstáculos que te hacen perder tiempo. Averigua, en primer lugar, cuánto tiempo te va a tomar cada actividad. Calcula después cuánto tiempo tardarías en terminar cada actividad en las circunstancias ideales, qué recursos tienes a tu disposición, y cuándo puedes disponer de ellos. Añade ahora un tiempo adicional por si surge algún problema, retraso o imprevisto, como los que se citan a continuación.

- Emergencias
- Ausencia o enfermedad de un empleado
- Los subcontratistas se retrasan

- Fallo en el equipo
- Los proveedores entregan el material más tarde de lo acordado
- Retrasos causados

por un cliente
- Lenta aprobación del proceso
- Cambios en los requisitos
- Días festivos

rarse como los lados de un triángulo equilátero. Y si uno de los lados crece, suele afectar al mismo tiempo a los otros.

Al realizar un proyecto puedes perder credibilidad si crees que lo harás en menos tiempo. El primer paso para calcularlo bien es comprender el alcance del proyecto. La lista de las tareas que necesitas realizar debe incluir la administración del proyecto, como por ejemplo las reuniones, y el trabajo en concreto que has de llevar a cabo. Sé realista y añade un tiempo adicional para cubrir las inevitables interrupciones y retrasos.

Al terminar el proyecto, pregúntate: ¿Lo he terminado en la fecha fijada? Si no es así, ¿qué situaciones exteriores han contribuido al retraso? ¿Qué circunstancias sobre las que yo tengo control han contribuido a ello? ¿Qué tendré en cuenta la próxima vez al calcular el tiempo que tardaré en el siguiente proyecto? Ten presentes las respuestas para el futuro.

# 6

# Las situaciones que te hacen perder y ganar tiempo

Sentir al final de la jornada que has perdido el tiempo es frustrante y descorazonador. Las situaciones que te hacen perder tiempo se presentan bajo muchas formas, pueden proceder de todas las áreas de tu vida, tanto de la personal como de la profesional.

Este capítulo te ayudará a manejar las montañas de información con las que tratas y te ofrecerá unos útiles métodos para afrontar las interrupciones. Al aprender a organizar las reuniones, a delegar las tareas, a decir no y a aprovechar el tiempo en las esperas, podrás transformar las situaciones que te hacen perder tiempo para que en lugar de ellos puedas ganarlo. Si aplicas estas ideas a tu vida, acabarás convirtiéndote en un buen planificador del tiempo.

# EL EXCESO DE INFORMACIÓN

Es indudable que los avances tecnológicos que forman parte de nuestra vida cotidiana han hecho que muchas tareas rutinarias sean más fáciles y rápidas de realizar. Sin embargo, la desventaja de la tecnología es el exceso de información. La masiva cantidad de información que te llega de innumerables fuentes, como la televisión, la radio, los e-mails, los faxes, los mensajes de texto, los bips, la red, los periódicos, las revistas y los catálogos, para nombrar sólo algunas de ellas, pueden ser abrumadoras.

Si combinas la cantidad de información que te llega a diario con la limitada cantidad de horas que tiene el día, tienes la receta perfecta para sufrir estrés por falta de tiempo. En 1996 la Reuters Business Information llevó a cabo una encuesta sobre el exceso de información con 1.300 directivos. El estudio reveló que el 38 por ciento de ellos admitían haber perdido unas «importantes» cantidades de tiempo recopilando información. El 43 por ciento, una relevante cifra, afirmó que su habilidad para tomar decisiones estaba afectada por lo que se denominó «paralización del análisis», y el 47 por ciento confesó que la recopilación de información les distraía de sus principales responsabilidades.

El estudio también demostró que el exceso de información se relaciona con el estrés: el 43 por ciento de los directores afirmaron haber tenido algún problema de salud causado por el estrés de buscar, leer y archivar la información. También el 47 por ciento dijo que se llevaban trabajo para hacer en casa con el fin de estar al día con la información acumulada, lo cual demuestra que el exceso de información es perjudicial para la vida familiar y el tiempo libre.

¿Cuál es, por tanto, la mejor forma de manejar la información? A continuación encontrarás algunas estrategias.

**Al navegar por internet** utiliza buscadores. Ten una clara idea de lo que estás buscando para ser más concreto en tu búsqueda. Al buscar información ponte un límite de tiempo y acepta que en general hay más información de la que tu tiempo te permite reunir, de modo que no intentes recopilarla toda.

**Reduce la cantidad de libros,** CD, revistas y periódicos que compras si no tienes tiempo de leerlos. Al conservar las revistas y los periódicos, tira siempre uno antiguo cada vez que compres uno nuevo.

**Recurre a un bibliotecario** para encontrar la información que buscas. Muchas bibliotecas disponen de gente que buscará la información por ti.

## Ahorra tiempo leyendo más deprisa

Un truco que te ayudará a mantenerte al día con la información importante es leer más deprisa. Determina, en primer lugar, cuál es tu objetivo antes de empezar. ¿Necesitas simplemente asimilar las principales ideas? Si es así, lee el texto por encima. Pero si necesitas asimilar con más profundidad la información, los siguientes consejos te ayudarán a conseguirlo.

- Lee dos, tres (o más) palabras de golpe sin centrarte en cada una de ellas.
- Evita «decir» las palabras mentalmente mientras lees.
- Utiliza un método para trazar el camino que han de seguir tus ojos. Por ejemplo, coloca la mano derecha en el margen derecho y ve bajándola lentamente por la página, siguiendo el movimiento con el rabillo del ojo.
- No releas frases y secciones del texto, ya que esto te haría ir más despacio y además no significa que te ayude a comprender las ideas esenciales, ya que éstas suelen explicarse y elaborarse a lo largo del texto.
- Si te cuesta concentrarte en la lectura, empieza haciéndolo sólo cinco o diez minutos seguidos.
- Busca palabras clave y frases que contengan las ideas principales y sáltate las palabras menos importantes.
- Subraya las frases o ideas clave para tener una rápida referencia más tarde.
- Si has de leer un documento extenso, consulta el índice y lee el sumario o el compendio para saber la información que contiene antes de empezar a leerlo. Así también te harás una idea del grado de dificultad del texto y cuánto tiempo necesitas para leerlo.
- Enriquece tu vocabulario consultando en el diccionario el significado de cualquier nueva palabra, sobre todo si se trata de alguna jerga. Aprender la terminología importante te ayudará a leer más deprisa y a comprender mejor el texto en el futuro.
- No leas cuando estés cansado o poco motivado, sería una absoluta pérdida de tiempo.

# LAS REUNIONES

Con sólo pronunciar la «r» de la palabra reunión la mayoría de personas te confesarán que tienen una relación de amor-odio con ellas: «No pueden vivir con ellas ni sin ellas». Aunque las reuniones puedan ser la forma más eficaz para discutir e intercambiar ideas y tomar decisiones, la opinión general es que demasiadas reuniones constituyen una pérdida de tiempo, un 50 por ciento del tiempo empleado en ellas es improductivo.

El estudio que el profesor Roger K. Mosvick estuvo realizando durante veinte años sobre quién asistía a las reuniones y durante cuánto tiempo lo hacía, mostró que en general los ejecutivos dedicaban 12 horas a la semana a reuniones; los mandos intermedios, 10,5 horas; y los empleados, 8,5 horas. Otros estudios revelaron que las reuniones solían durar una hora y media; que a los asistentes les notificaban en general que duraría dos horas; que el 63 por ciento no habían programado la reunión anotándola en la agenda y que el 11 por ciento del tiempo de las reuniones se empleaba en temas irrelevantes. Para planear y dirigir con éxito una reunión hay que prepararla minuciosamente, saber comunicarse con claridad y planificar bien el tiempo.

## La importancia de planificar una reunión

Planifica con claridad y concisión una reunión anotando cómo va a transcurrir en tu agenda y reservando un tiempo para hablar de cada tema. Tu agenda ha de contener la siguiente información: quién va a asistir a la reunión, el objetivo de la misma, dónde se realizará, y a qué hora empezará y terminará. Organiza la reunión de modo que los temas más importantes se discutan al principio y deja cualquier nuevo asunto para el final. Antes de finalizarla, da a los asistentes la oportunidad de discutir algún otro tema. Escribe una lista con el nombre de cada presentador, y al lado, el tema que va a tratar, y dales tiempo de sobra para preparárselo. Antes de realizar la reunión, distribuye copias de esta planificación. Haz también circular cualquier informe, carta, memorándum o cualquier otra clase de documento que se vaya a tratar en la reunión para no perder tiempo leyéndolo en ella.

### Planifica una reunión con eficiencia

Muestra a los asistentes que valoras tanto tu tiempo como el suyo empezando la reunión en la hora fijada. Retrasarla para esperar a algún asistente, sobre todo a los que siempre llegan tarde, da el mensaje de que es correcto llegar tarde. En cuanto la reunión haya empezado, no la interrumpas para poner al día a los que llegan tarde, sólo sería una pérdida de tiempo para los puntuales.

Al principio de la reunión recuerda a los participantes cuánto va a durar y asegúrate de que termine a la hora estipulada. Cíñete además al tiempo que habías fijado en tu agenda para cada tema haciendo saber a los participantes que ha llegado el momento de concluir una cuestión, tomar una decisión o pasar al siguiente tema. Sé diplomático aunque firme, sugiere a los asistentes que si desean seguir discutiendo una cuestión pueden hacerlo por su cuenta cuando se acabe la reunión. Lo más probable es que nadie se apunte a ello. Programa la siguiente reunión mientras los asistentes aún están en la sala, así te ahorrarás el problema de intentar encontrar más adelante, cuando ya tengan la agenda más llena, un día que les vaya bien a todos. Si organizas una reunión con eficiencia evitarás encajar en la definición de Thomas Kayer: «Una reunión es una interacción en la que unas personas poco dispuestas, seleccionadas por otras desinformadas, y dirigidas por otras ineptas, discuten sobre temas intrascendentes y han de redactar un informe sobre un asunto banal».

# Haz que tus reuniones sean significativas

Si no estás seguro de si es necesario organizar una reunión, consulta la siguiente lista para saber si debes seguir adelante con ella.

### 1. La reunión es necesaria...

- Si hay que tomar una rápida decisión basada en las impresiones de un grupo o de un equipo de personas.
- Si hay que resolver un conflicto de un grupo.
- Si deseas generar ideas.
- Si deseas compartir problemas, sopesar alternativas y encontrar soluciones.
- Si el grupo desea reunirse.
- Para compartir el éxito.

### 2. La reunión no es necesaria...

- Si puedes utilizar otra forma de comunicación, como a través del teléfono, el e-mail o un memorándum.
- Si no estás seguro de quién ha de asistir.
- Si las personas clave no pueden asistir.
- Si tú o los participantes no tenéis suficiente tiempo para prepararla bien.

- Cuando su coste en términos de tiempo y dinero sea mayor que los beneficios que aportará.
- Si dudas de que la reunión sirva para alcanzar su objetivo.
- Si estás evitando tomar una decisión.
- Para reabrir una discusión sobre una decisión que ya se ha tomado.
- Si sólo deseas presentar una información.
- Si hay algún asunto personal entre tú y algún compañero de trabajo o un empleado.
- Si los asistentes están enojados y necesitan calmarse.
- Si tú o los miembros de tu grupo estáis ya hartos de tantas reuniones.
- Si el grupo, el comité ejecutivo o el equipo necesitan recibir ánimos o están bajos de moral (organiza en su lugar una reunión social).

# LAS INTERRUPCIONES

Cuando intentas terminar un trabajo, éste puede prolongarse y prolongarse por culpa de las interrupciones y alterar tus planes del día e incluso de la semana. A veces somos nosotros los que las creamos al dejar la tarea para el día siguiente o al ser unos perfeccionistas. En otras ocasiones es nuestra vida personal la que nos quita horas de trabajo, al llamarnos los amigos para charlar o al recibir un e-mail del colegio de nuestros hijos pidiéndonos si podemos colaborar como voluntarios en alguna actividad escolar. Las interrupciones también pueden surgir en el trabajo: desde e-mails y llamadas telefónicas, hasta personas que van a verte al despacho para resolver alguna cuestión relacionada con tu profesión o simplemente para charlar un rato.

### Analiza las interrupciones

Analizar las interrupciones no tiene por qué ser una tarea complicada. Intenta ver si se da algún patrón en ellas. ¿Son siempre las mismas personas las que te interrumpen? ¿Las interrupciones aparecen a una determinada hora del día? ¿Surgen en el despacho o cuando estás en una determinada etapa de tu actividad? ¿Te interrumpen por la misma razón una y otra vez?

### Estrategias para manejar o minimizar las interrupciones

**Di a los demás que no te interrumpan:** Utiliza la tecnología que tienes a tu alcance para hacerles saber que no quieres que te interrumpan. Graba un mensaje de voz diciendo que sólo puedes recibir y hacer llamadas a unas determinadas horas del día. Haz lo mismo con los e-mails: crea un mensaje de vuelta para que aquel que te mande un e-mail lo reciba automáticamente. Si los demás saben cuándo estás disponible, tenderán menos a interrumpirte cuando estás ocupado.

**Desconecta los aparatos:** una vez les hayas informado de que no estás disponible, desconecta los aparatos que les permiten contactar contigo. Apaga el e-mail, el buscapersonas y el móvil.

**Sigue una política de puertas cerradas:** Una política de puertas abiertas puede hacerte perder mucho tiempo. Cuelga en la puerta del despacho un programa indicando las horas en que está abierto al público, así disuadirá a las personas que vayan a entrar en él casualmente o para charlar un rato.

**Pon fin a la conversación:** ¿Cómo puedes ser diplomático con los que te hacen perder tiempo? Sé sincero con ellos y diles: «Lo siento, pero ahora no tengo tiempo para hablar», y queda a una hora en concreto: «A las cuatro de la tarde tendré diez minutos libres. ¿Le va bien venir a verme a esa hora?».

# APRENDE A DELEGAR

Una rápida manera de tener más tiempo es delegando algunas tareas en otros. Saber cuándo y cómo delegarlas son la clave para el éxito. Algunas de las razones por las cuales no podemos o no queremos delegar son: no tener suficiente tiempo para averiguar qué tarea delegar o para dar instrucciones, no confiar en la habilidad de los demás, el perfeccionismo, el deseo de ejecutar hasta el menor detalle personalmente y creer de manera errónea que al delegar la tarea en otro uno va a controlar menos la situación.

Delegar algunas tareas te hará ganar tiempo. Y las personas en las que las delegas podrán llevar a cabo lo que tú no pudiste empezar o terminar por falta de tiempo. Aprende a delegar las tareas que sean repetitivas y rutinarias, aquellas que menos bien se te den y que sean importantes aunque no urgentes, pero hazlo con el tiempo suficiente. Consulta los resultados que obtuviste en el ejercicio 1 (p. 21) y en el ejercicio 3 (p. 27) para que te resulte más fácil crear una lista de las tareas que puedes delegar.

Después de haber encontrado a las personas capacitadas para realizarlas, asegúrate de que tengan tiempo suficiente para llevarlas a cabo. Explícales claramente cómo deseas que las hagan, cuándo han de terminarlas, los recursos de los que disponen y hasta qué grado participarás tú en ellas, si es que deseas hacerlo.

Dales por escrito una serie de instrucciones en el caso de las tareas repetitivas y rutinarias. Esta información les será de ayuda a los que van a realizarlas y si hubiera de sustituirles alguien, también le servirá a esa persona.

Cuando tus empleados o compañeros de trabajo hayan terminado las tareas que les has encargado, coméntales tus impresiones. Empieza elogiándoles por su contribución y dándoles las gracias y, discute luego qué es lo que ha ido bien y por qué, y cómo el proceso puede mejorarse en el futuro.

# Evalúa cuánto trabajo tienes

**Descubre si te has comprometido a hacer demasiado trabajo. Puntúa tus respuestas según la siguiente escala: 0 = nunca 1 = a veces 2 = casi siempre 3 = siempre. Suma todas las puntuaciones para averiguar en qué «zona» te encuentras.**

- Me cuesta levantarme para afrontar el día porque tengo demasiado trabajo.
- A veces me quedo «paralizado» por el miedo y la ansiedad al pensar en el montón de trabajo que me espera.
- Normalmente aprovecho la hora de almorzar para trabajar.
- Me siento enojado o deprimido por culpa de mi apretada agenda.
- Me cuesta delegar algún trabajo o tarea en los demás.

- Rara vez siento haber logrado algo.
- Me resulta imposible decir «no» a un nuevo trabajo.
- Me ofrezco para realizar tareas aunque sepa que no tengo tiempo para ello.
- Por la noche me cuesta dormir porque me preocupa cómo voy a lograr acabar todo el trabajo que me espera.
- Cuando me queda tiempo para mí, me siento culpable al pensar que debería estar haciendo algo productivo.

## Tu puntuación

**Zona verde** = de 0 a 10
Por lo visto cumples hábilmente con tus compromisos, sigue actuando de la misma forma porque significa que te funciona.

**Zona amarilla** = de 11 a 20
¡Ten cuidado! Te encuentras en una zona peligrosa. Intenta disminuir tus compromisos de alguna forma y ofrécete más tiempo y espacio para respirar.

**Zona roja** = de 21 a 30
Tienes demasiado trabajo y necesitas planificar de nuevo tu programa y tus actividades, porque si sigues con este ritmo podría tener unos efectos muy negativos sobre tu bienestar.

# APRENDE A DECIR «NO»

Saber decir «no» en el momento oportuno, con el tono de voz y el lenguaje corporal adecuados, aparte de ahorrarte tiempo, te ayudará a conservar tus relaciones. En la actualidad disponer de tiempo es todo un lujo y los demás suelen quitárnoslo porque ellos no tienen suficiente.

Aunque no saber decir «no» puede hacer que aceptes demasiados compromisos laborales, lo más probable es que este problema tenga más que ver con tu personalidad que con tu habilidad para planificar el tiempo. A la mayoría de la gente no le gustan los conflictos ni los enfrentamientos,

y cree que al decir «sí» está evitando ambas cosas, al menos a corto plazo. Y a otras personas les gusta complacer a los demás y desean sobre todo caerles bien, y es posible que además sean unas perfeccionistas.

Sin embargo, puedes decir «no» incluso sin pronunciar esta palabra utilizando tus habilidades asertivas. Ser asertivo significa ser capaz de comunicar tus opiniones y sentimientos de una forma sincera y clara, respetando al mismo tiempo los derechos de los demás. Por ejemplo, pongamos que alguien te pide si deseas ser miembro del comité. Tú le respondes que te gustaría ayudarle pero que no puedes, y le ofreces una breve explicación como: «En este momento mi agenda está tan apretada que no puedo aceptar ningún nuevo compromiso». (Aunque no siempre es necesario que des explicaciones, este recurso puede ayudarte a evitar una larga conversación o que te haga más preguntas.) Si esa persona persiste en su empeño, repítele simplemente que te gustaría ayudarle pero que no puedes, sin darle ninguna otra explicación. Y concluye la conversación diciéndole: «Me ha gustado poder hablar con usted» y luego despídete de ella.

¿Y si un supervisor o un director te pide en el trabajo si puedes hacer alguna otra tarea adicional? Si es así, puedes responderle diplomáticamente pidiéndole que decida en tal caso qué proyecto desea que interrumpas para poder hacerla. De esta forma se verá obligado a elegir y le estás diciendo con claridad qué es lo que puedes y lo que no puedes hacer.

No dejes nunca que te presionen para que des una respuesta en el acto. Sé asertivo y pide un tiempo para reflexionar sobre ella, sobre todo si sabes que va a costarte decir «no». Antes de decidir, pregúntate: «¿Si digo "sí" a esto, a qué estoy diciendo "no"?».

Aprender a decir «no» requiere práctica, de modo que empieza a hacerlo diciendo «no» a pequeñas peticiones, te sorprenderás al ver lo fácil que al final te resulta decirlo.

# APROVECHA EL TIEMPO
# QUE PASAS ESPERANDO

Muchos de nosotros para no tener que perder tiempo esperando procuramos llamar con antelación al doctor o al peluquero para concertar una cita con ellos, o bien intentamos siempre concertarla a primeras horas de la mañana o después de comer para no haber de esperar durante tanto tiempo. Pero por más que lo planeemos, siempre hay alguna ocasión en la que nos hacen esperar.

Aunque a nadie le gusta esperar en una cola o sufrir retrasos al viajar, puedes aprovechar estos inesperados espacios de tiempo teniendo un plan para llenarlos. Emplea el tiempo de las esperas —tanto si son cinco minutos como media hora o medio día— haciendo pequeñas tareas que estén en tu lista de «Debo hacer».

Otra opción es adquirir la costumbre de disfrutar de este tiempo libre inesperado aprovechándolo para hacer aquello que te guste y que desearías realizar más a menudo. Por ejemplo, si te gusta leer, adquiere la costumbre de llevar algún libro contigo cuando te dirijas a una cita o viajes en el transporte público. Este hábito también enriquecerá tu vocabulario, te ayudará a mantenerte tecnológicamente al día en tu profesión o especialidad, o te permitirá evadirte mentalmente a un mundo distinto. Si la lectura no es una de tus actividades favoritas, intenta hacer un crucigrama o un sudoku, o crea una lista de agradecimiento para recordar las cosas positivas que hay en tu vida. O si lo prefieres, aprovecha ese tiempo para relajarte y desconectar cerrando los ojos y respirando de una manera lenta, profunda y rítmica.

## Cómo utilizar el tiempo libre inesperado

### Lo que puedes hacer en cinco minutos

- Ordena el bolso o la cartera.
- Escucha alguna visualización dirigida que consista en un paseo por el bosque o la playa.
- Mete la ropa sucia en la lavadora.
- Ordena el escritorio o un armario.
- Lee un artículo o algún documento que hayas archivado en la carpeta «Para leer».

### Lo que puedes hacer en media hora

- Haz una siesta.
- Sal a pasear o a correr.
- Llama a algún ser querido.
- Rellena los formularios que tengas a mano, como los papeles para renovar el permiso de conducir.
- Deja preparados los ingredientes para la siguiente comida.
- Reúne las facturas y detállalas o anótalas en tu libro de cuentas.
- Planea tu siguiente reunión y anótala en tu agenda.
- Escribe una nota de agradecimiento a alguien que te haya ayudado en especial la semana pasada.

- Haz una visita virtual por internet a un país que te gustaría conocer.
- Graba los números telefónicos que más utilices en el móvil o en el teléfono de casa o el de la oficina.
- Revisa tu biblioteca, saca de ella los libros que haga dos años que no hayas leído o consultado y regálalos o dónalos a una institución benéfica.

### Lo que puedes hacer en medio día

- Repasa tus objetivos.
- Visita una librería o una biblioteca que sea cómoda y agradable y lee en ella.
- Visita tu galería de arte favorita.
- Ve a hacerte un masaje o un tratamiento de belleza.
- Invita a un amigo o un compañero de trabajo a tomar un café o un té.
- Despeja el archivador desprendiéndote de los archivos obsoletos.
- Limpia el ordenador eliminando los archivos que ya no utilices.
- Organiza tus fotografías en álbums.
- Cuando viajes llévate el portátil y mira algún CD con él.
- ¡Limítate a relajarte y no hacer nada!

# 7

# Cómo aprovechar el tiempo a cualquier edad

Todos podemos aprender a aprovechar el tiempo para mejorar nuestra vida y alcanzar importantes objetivos.

Este capítulo incluye ideas creativas que te ayudarán a enseñar a cualquier persona el valor del tiempo. En primer lugar te muestra cómo inculcar a los niños nociones para aprovechar el tiempo. Luego enseña a los estudiantes a crear un programa semestral y otro para exámenes, porque la pérdida de tiempo es el mayor culpable del fracaso universitario. Y si eres una madre o un padre ocupados, te ofrece consejos para ganar tiempo e ideas con el fin de que evites saturar tanto tu agenda como la de tus hijos. Las personas creativas también encontrarán en él algunos métodos tradicionales para planificar el tiempo. Y, por último, se analiza el reto de cómo aprovechar el tiempo en la jubilación y usarlo de forma significativa.

# ENSEÑANDO A LOS NIÑOS
# A VALORAR EL TIEMPO

Cualquier persona que se haya ocupado de un bebé recién nacido sabe que sus necesidades y comportamiento —por ejemplo, al dormir de día y despertarse por la noche— no encajan fácilmente con las rutinas de la vida cotidiana. Pero poco a poco los bebés se van adaptando al ritmo familiar.

Cuando un niño ha alcanzado la edad preescolar, ya está más preparado para aprender sobre el tiempo. Puedes enseñarle las nociones básicas mostrándole la diferencia entre el día y la noche, indicándole la hora que es y presentándole los conceptos de «antes» y «después» utilizando la hora de comer como punto separador. Enseña a tu hijo pequeño el paso del tiempo hablándole sobre ayer, mañana, los días de la semana, los meses y las estaciones.

### La programación del tiempo y las responsabilidades

Aunque un niño pequeño aún no sepa leer, puede interpretar las imágenes. Para que se familiarice con la idea de la programación del tiempo, crea una tabla, a base de ilustraciones, de sus tareas matinales cotidianas, como: despertar a una determinada hora, desayunar y cepillarse los dientes. Adquiere algunas vistosas pegatinas y deja que él las pegue al lado de cada acción que haya hecho cada día. Al final de la semana prémiale con alguna golosina por haberlas hecho bien.

Los niños de 6 a 11 años son capaces de aprender a organizar su tiempo. Para que tu hijo aprenda a hacerlo empieza regalándole un despertador o una radio-despertador cuando cumpla seis años y activa la alarma a la hora que haya de despertarse cada día para ir al colegio. Si por la ma-

# Crea un calendario para tus hijos

Parte del atractivo de la vida consiste en esperar con ansias algún evento importante. Este calendario ayudará a tus hijos a entender el concepto del tiempo al mostrarles los días que faltan para que llegue un día o un acontecimiento especial.

**1.** Para hacer este ejercicio necesitas una vistosa cartulina, un bolígrafo y una regla. Decide cuántos días o semanas deseas que contenga el calendario. (Evita que sean más de tres o cuatro semanas, sobre todo en el caso de un niño pequeño, ya que este espacio de tiempo podría parecerle demasiado largo y perder interés en el calendario.)

**2.** Traza con el bolígrafo una cuadrícula, cada casilla representa un día. Utiliza la regla para hacerlo, así las líneas serán rectas y las casillas tendrán más o menos el mismo tamaño. O también puedes crear la cuadrícula con el ordenador, a través de un procesador de texto, e imprimirla.

**3.** Escribe ahora los días en las casillas del calendario, copiándolos de otro calendario. Para evitar cometer algún error, lo mejor es empezar por el final (por la casilla de la parte inferior derecha), escribiendo primero el día o el evento especial y después los días del calendario, empezando por el último. Cuando hayas terminado, repásalo para comprobar que no has olvidado ningún día.

**4.** Cuelga el calendario en la pared, en un lugar donde tu hijo llegue fácilmente y pueda verlo a menudo como, por ejemplo, en la cocina o en su dormitorio. Pídele que marque cada día con una cruz la casilla del día en curso, o que la coloree, y que cuente los días que faltan para el día o el evento esperado.

ñana tiene problemas para hacer todas sus tareas antes de ir al colegio, prémiale por cada día que las haga antes de irse, y dale el premio el viernes, al terminar la semana escolar.

Fijarle unos límites de tiempo, por ejemplo: «Tienes 15 minutos más y después ya has de irte a la cama» le ayudará también a calcular el paso del tiempo.

### Inventa juegos que le enseñen a calcular el tiempo

Haz que tu hijo adivine cuánto tiempo se tarda en hacer determinadas actividades. Por ejemplo, ¿cuánto tiempo tardáis en ir con el coche a casa de la abuela? ¿O cuánto tiempo tardas en leerle su cuento favorito? Esta clase de juegos le ayudará a aprender a calcular el paso de los minutos y las horas. También puedes pedirle que te diga tantas cosas como recuerde haber hecho en unos determinados espacios de tiempo: por ejemplo, durante los últimos 15 minutos, una hora...

## Empleando el tiempo sabiamente

Utilizar discos o monedas de colores le enseñará a tu hijo a aprovechar el tiempo sabiamente. Dibuja unos pequeños círculos, coloréalos y recórtalos. Los discos de distintos colores representan distintos valores de tiempo, se parecen a las fichas de un casino (pero no te preocupes, ¡no estarás enseñando a tu hijo a jugar en él!). Por ejemplo, la ficha roja = 1 hora, la ficha verde = 30 minutos, y la ficha azul = 15 minutos. Da a tu hijo la siguiente cantidad de fichas o monedas: 12 rojas = 12 horas, 18 verdes = 9 horas, 12 azules = 3 horas. El juego consiste en que él ha de pagarte con las fichas coloreadas antes de «emplear» su tiempo en cualquier actividad que elija. Así le ayudará a entender que el tiempo es valioso y le enseñará a decidir utilizarlo bien.

# Haz
# «pizzas»
# de tiempo

**Esta tabla del tiempo en forma de pizza le mostrará a tu hijo cómo emplea su tiempo, lo cual le ayudará a ser más consciente de ello.**

**1.** Utilizando tres cartulinas o tres círculos de cartón y algunos bolígrafos de vivos colores, dibuja una gran pizza en cada cartulina o cartón. Deja que tu hijo te ayude a colorearlas y dibuja a continuación sus ingredientes favoritos encima de las pizzas.

**2.** Titula la primera pizza «La pizza de lo que debo hacer». Haz una lista de todas las cosas que tu hijo ha de hacer en un día normal. Pídele que las clasifique por orden de importancia y que te diga cuánto tiempo calcula le llevará cada una. Divide la pizza en porciones de tiempo utilizando la lista de prioridades y el tiempo calculado.

**3.** Titula la segunda pizza «La pizza de las horas del día». Le enseñará a ver cómo emplea normalmente cada hora del día. Divide la pizza en 24 «porciones» y escribe

en ellas las horas de un día. Empieza por la hora en que tu hijo se levanta, titula cada porción según la actividad principal que haga a esa hora —por ejemplo, desayunar, hacer los deberes, jugar, dormir y otras actividades parecidas—. Ve dividiendo el día hasta que llegues al inicio.

**4.** Titula la tercera pizza «La pizza de las actividades» y divídela en doce porciones, que representan periodos de dos horas. Id contando, tu hijo y tú, cuánto tiempo tarda él en hacer sus distintas actividades. Señálale cómo estas porciones suman en total 24 horas.

**5.** Compara las pizzas para ver cómo las prioridades y los cálculos de tiempo hechos por tu hijo se ajustan a cómo emplea en realidad el tiempo.

El siguiente juego le ayudará a comprender la diferencia entre los segundos y los minutos. Para ello necesitas un despertador o un temporizador, y un reloj con unas manecillas para las horas y los segundos. Pide a tu hijo que mire el reloj mientras le señalas cómo el segundero se mueve del 0 a los 5 segundos, del 0 a los 30 segundos, y por último del 0 a los 60 segundos. Pregúntale cuál de estos espacios de tiempo le ha parecido el más largo. Explícale que sesenta segundos equivalen a un minuto.

Activa a continuación la alarma del despertador o del temporizador para que suene al cabo de dos minutos y pídele a tu hijo que baile mientras escucha su música preferida. Cuando hayan pasado los dos minutos,

vuelve a activar la alarma para que suene al cabo de dos minutos más, en esta ocasión pídele a tu hijo que permanezca sentado sin moverse y en silencio durante este tiempo. Luego pregúntale cuál de estos dos espacios de tiempo le ha parecido más largo: ¿el que ha pasado bailando o el que ha estado sentado sin moverse? ¿Por qué?

Y, por último, dale varias oportunidades para que intente adivinar cuánto tiempo lleva hacer determinadas cosas como poner la mesa, guardar los juguetes y atarse los cordones de los zapatos. Deja que compruebe la exactitud de sus cálculos utilizando el despertador o el temporizador.

> **«Si lo empleamos bien, siempre tendremos tiempo suficiente.»**
>
> **JOHANN WOLFGANG VON GOETHE (1749-1832)**

## Aprendiendo a respetar el tiempo

Anima a tu hijo a ser puntual. Así le enseñarás a respetar tanto su propio tiempo como el de los demás. Haz que vea cómo emplea su tiempo rellenando una tabla en forma de pastel que represente un día escolar normal. Pídele que te indique en ella cualquier periodo en el cual tenga problemas por falta de tiempo. A continuación, elige una actividad que practique habitualmente, como prepararse para ir a jugar al fútbol. Divídela en pequeños espacios de cinco minutos para que aprenda los pasos que implica prepararse para jugar al fútbol y el tiempo que tarda en hacerlo.

Dile que ser puntual es una muestra de respeto. Si tu hijo llega tarde a los entrenamientos, deja que afronte las consecuencias de su conducta, de esta manera aprenderá la relación causa y efecto entre las decisiones que toma y las consecuencias que producen.

Darle la lata continuamente para que sea puntual es molesto para todos. Dile con claridad qué es lo que esperas de él: «De aquí a diez minutos hemos de salir. Si no estás listo para el entrenamiento, nos iremos sin ti» (o «... no irás a jugar a fútbol, en el caso de ser así).

# CÓMO HAN DE PLANIFICAR EL TIEMPO LOS ESTUDIANTES

La falta de tiempo es uno de los principales culpables del fracaso escolar. Tanto si vas al instituto como a la universidad, a medida que hayas de estudiar más, no podrás rendir lo suficiente en los estudios si siempre te falta tiempo.

Hazte primero una idea general de tu vida de estudiante. ¿Cuáles son tus metas relacionadas con los estudios? ¿Qué es lo que deseas alcanzar? ¿Terminar esta etapa en qué beneficiará a tu carrera? ¿Cómo imaginas que tu vida mejorará con ello? ¿Cómo te sentirás contigo mismo al sacarte el título universitario o terminar con éxito el curso que estás haciendo? Tener presentes tus objetivos te motivará a dar prioridad a las cosas más importantes: resérvate primero el tiempo que requieran los estudios y dedica después el sobrante a las otras actividades de tu vida.

## ¿Empleas el tiempo sabiamente?

Responde a las siguientes preguntas con un «Sí» o un «No».

- Escribo una lista de las cosas que debo hacer.
- Utilizo a diario una lista de «Debo hacer».
- Planifico siempre la siguiente semana.
- Sé lo que he de hacer al mes siguiente.
- Termino los deberes a tiempo.
- Me programo el tiempo que necesito para prepararme los exámenes.

- Sé cuánto tiempo me tomará preparar cada tarea.
- Utilizo una agenda para planificar mi tiempo.
- Abordo las tareas relacionadas con mis asignaturas como un trabajo.
- Antepongo el tiempo que dedico a mis estudios a cualquier otra actividad.

Cuantos más «Sí» hayas obtenido, más hábil eres programando tu tiempo.

### ¿Cuánto tiempo empleas?

Lo más probable es que no puedas planificar a la perfección el tiempo que dedicas a los estudios hasta que no tengas una idea de cómo lo empleas. Empieza calculando la cantidad que empleas en las siguientes actividades durante cualquier semana:

- Dormir y comer
- Higiene personal
- Tareas y recados personales
- Practicar algún deporte o hacer ejercicio
- Mirar la televisión o utilizar el ordenador

- Estar con los amigos
- Dedicar tiempo a la familia
- Asistir a las clases
- Estudiar y leer
- Desplazamientos
- Trabajar

El siguiente paso consiste en calcular el tiempo real que empleas en cada una de estas actividades. ¿El tiempo que habías calculado y el tiempo real que tardas en realizarlas es el mismo? Así te harás una idea de los

ajustes que necesitas hacer: qué actividades has de reducir y en cuáles
has de invertir más tiempo para alcanzar tus objetivos relacionados con
los estudios.

### Los programas de estudios

Muchos institutos e instituciones docentes publican una agenda escolar dirigida a los estudiantes que incluye las fechas importantes, como los días
de los exámenes, las fechas de principio y fin de los cursos, los días para
pagar la matrícula y otros datos similares. Esta clase de agendas se ba-
san en el año escolar. La mayoría contienen una semana por cada dos páginas, y en la página que da inicio a cada mes aparece el correspondiente mes entero.

### Aprovecha bien el tiempo que dedicas a estudiar

Antes de iniciar alguna tarea relacionada con los estudios, calcula aproxi-
madamente cuánto tiempo te llevará realizarla. Escribe una lista de los pasos que requiere. Incluye en ella el tiempo que necesitarás para buscar información, hacer alguna consulta al profesor, etc. Calcula cuánto tiempo
te exigirá cada paso, suma el total y, a continuación, ¡dóblalo!

Averigua en qué momento del día prefieres estudiar. ¿Eres una «lechuza» o una «alondra»? Si te gusta despertarte temprano, disfrutas asistiendo a las primeras clases de la mañana, y rindes más antes de las tres del
mediodía, lo más probable es que seas una «alondra». Y si tienes más
energía por la tarde y te gusta estudiar a esa hora y por la noche, eres una
«lechuza». En tal caso tal vez te cueste más estudiar, porque el horario de
las clases favorecen a las «alondras». Saber en qué momento del día rindes más te ayudará a aprovechar mejor el tiempo: estudia cuando tu concentración esté en su punto más alto y haz las tareas de rutina en otros
momentos.

# Crea un programa semestral

**Este ejercicio te enseñará a hacer un programa semestral y te permitirá echar una mirada a vuelo de pájaro para saber qué necesitas hacer para cumplir con lo que el curso te exige.**

**1.** Imprime, utilizando el ordenador, un calendario mensual: uno para cada mes del semestre. O si lo prefieres, adquiere un calendario de pared en una librería. O mejor aún, consigue ambas cosas: un calendario mensual para seguir el programa de tu agenda y un calendario del año para colgarlo junto al escritorio, así te ayudará a no apartarte de tu objetivo.

**2.** Anota en la agenda escolar las fechas importantes, como los días de la matrícula, los días que has de entregar los trabajos, los días de los exámenes y las fechas de los pagos.

**3.** Reúne todos los planes del curso y las listas de trabajos. Programando una asignatura a la vez, escribe en tu calendario (o en tus calendarios) las fechas de los exámenes, la presentación de los trabajos, los ensayos y cualquier otra actividad. Anota también en qué medida contribuyen cada examen y trabajo a la nota final (por ejemplo, un ensayo puede contribuir en un 10 por ciento a la nota final). Este sistema te ayudará a planear cuánto tiempo necesitas dedicar a cada tarea.

**4.** Incluye cualquier fecha personal importante, como los cumpleaños y los eventos familiares y sociales especiales, para poder planear el tiempo dedicado a los estudios teniendo en cuenta esas fechas.

**5.** Anota cualquier semana en que tengas más de un examen o trabajo, e intenta irlos preparando o realizando con antelación para evitar haber de estudiar intensivamente o hacer el trabajo en el último momento.

El dejar las cosas para el día siguiente es un problema muy común en los estudiantes universitarios, alrededor de una tercera parte de estudiantes afirman que esta mala costumbre es un obstáculo en su carrera. Si tienes este problema, afróntalo ahora mismo, el texto de la página 32 y el ejercicio 4 de la página 33 te mostrarán cómo hacerlo.

Si te cuesta ponerte a estudiar, empieza primero con las asignaturas que te resulten más difíciles o menos atractivas, porque te concentrarás mejor, retendrás más información cuando tu mente está fresca y te sentirás motivado al ver que ya te has sacado de encima las asignaturas más difíciles.

Estudia cuando haya pocas distracciones a tu alrededor. Si al hacerlo en casa sientes la tentación de poner la tele o ir a la cocina a picar algo, estudia en la biblioteca del instituto o de la universidad. Pero asegúrate de tomarte cada media hora un descanso de cinco minutos, sobre todo cuando estás estudiando para los exámenes. Estudiar durante más de media hora seguida no es eficaz. Evita la tentación de alargar los descansos estableciendo una rutina: por ejemplo, prepárate una taza de té o da un corto paseo por la biblioteca.

Intenta repasar a diario las notas que has tomado en clase. Te ayudará a aprender de memoria la información y a reducir la cantidad de tiempo que necesitarás estudiar para los exámenes.

## Equilibra los estudios con la vida social

Parte de la experiencia estudiantil consiste en la vida social. Para rendir en los estudios es importante mantener una vida social, pero no has de excederte en ello, como ocurre con cualquier otra cosa. Incluir el tiempo que dedicas a divertirte en la agenda te ayudará a equilibrar las amistades con los estudios. Programa tu vida social alrededor de los estudios en lugar de hacer lo contrario. Dedicarte cada noche del viernes a salir con los ami-

# Haz un programa semanal

**El domingo por la noche es el momento ideal para programar la siguiente semana. Este ejercicio te muestra cómo planificarla.**

**1.** Usa tu agenda, o imprime con el ordenador una plantilla semanal, para anotar en ella las horas de clase en todo el semestre. Incluye las actividades habituales, como las lecturas y las tutorías, y también las fechas de los exámenes y de las entregas de los trabajos. Incluye también las horas que has de trabajar a la semana y cualquier otro compromiso que hayas adquirido y que no esté relacionado con los estudios.

**2.** Organiza el tiempo que necesitas para estudiar la próxima semana, teniendo en cuenta el nivel de dificultad de cada asignatura. Algunas te exigirán más esfuerzo y en cambio otras te pedirán menos preparación y tiempo de estudio. Ten en cuenta además el tiempo que necesitas para las lecturas obligatorias y para tomar notas.

**3.** Programa las tareas más difíciles o menos interesantes para las horas en que rindes más mentalmente (véase p. 128).

**4.** No llenes demasiado tu agenda y sé realista sobre cuántas cosas deseas hacer, sobre todo después de haber estado todo el día asistiendo a clases y de trabajar a tiempo parcial. Resérvate un tiempo para relajarte, alternar y salir.

**5.** Ve actualizando tu programa según tus necesidades. Aprender a compaginar los estudios con el trabajo es una valiosa parte de tu educación.

**6.** Utiliza tu programa semanal para crear la lista diaria de «lo que debo hacer».

gos te ayudará a estar motivado y a desconectar de la semana académica. Evita apuntarte a demasiados clubs y actividades, sobre todo al inicio del curso.

**Equilibra los estudios con el trabajo**

Si mientras vas a la universidad también trabajas, irás sin duda justo de tiempo. No trabajes más de 20 horas semanales, porque de lo contrario no sólo pondrías en peligro tu oportunidad de aprobar, sino que tendrías más posibilidades de dejar los estudios. Busca un trabajo que esté cerca de casa o del campus para reducir el tiempo que pasas trasladándote a ellos. Muchos institutos y universidades dan trabajo a los estudiantes. O también puedes hacer menos asignaturas, de esta manera dispondrás de las suficientes horas para ganar el dinero que necesitas. También tenderás a sacar mejores notas si tienes menos asignaturas que preparar.

## La regla del 2-1

Cuanto más alto sea el nivel del curso, más tiempo habrás de invertir en él. Como regla general, si vas al instituto o a la universidad, has de dedicar dos horas de estudio por cada hora de clase. Si pasas 12 horas a la semana asistiendo a las clases, has de reservarte 24 horas para prepararte y estudiar. En total asciende a 36 horas a la semana dedicadas a los estudios.

Mientras aprendes a ver qué es lo que mejor te funciona y cómo puedes esquivar los obstáculos, necesitarás hacer algunos ajustes. Cuando descubras que has de hacer verdaderos malabarismos para cumplir con las interminables clases, trabajos y exámenes, ten presente tu meta de licenciarte para seguir motivado. Una vez hayas puesto en práctica algunas estrategias para planificar tu tiempo, vuelve a hacer el test «¿Empleas el tiempo sabiamente?» (p. 126) para ver hasta qué punto has mejorado en ello.

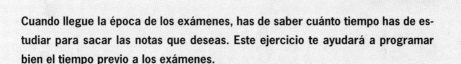

# Crea un programa de estudio para los exámenes

**Cuando llegue la época de los exámenes, has de saber cuánto tiempo has de estudiar para sacar las notas que deseas. Este ejercicio te ayudará a programar bien el tiempo previo a los exámenes.**

**1.** Para saber cuánto tiempo necesitas para estudiar una determinada asignatura, asegúrate de conocer el porcentaje en que contribuye a la nota general. Por ejemplo, si un examen puntúa un 20 por ciento y otro un 80 por ciento, has de dedicar más tiempo a preparar el segundo.

**2.** Cuando falten unas cuatro semanas para los exámenes, prepara tu programa de estudios. Haz para cada asignatura una lista de los exámenes y de las fechas en que los tendrás, y calcula cuánto tiempo necesitas para preparar cada uno. Suma el total de horas que has de estudiar.

**3.** Utilizando las fechas de los exámenes, y empezando por las últimas, ve repartiendo el tiempo que necesitas estudiar en periodos de dos horas. Estudia durante este espacio de tiempo haciendo pequeños descansos en medio para evitar el cansancio y la pérdida de tiempo.

**4.** Distribuye el tiempo dedicado a estudiar entre las cuatro semanas anteriores al examen, porque al prepararlo de manera espaciada retendrás más la información que si lo hicieras sólo en una larga e intensiva sesión.

**5.** Durante la etapa previa al examen, no te olvides de incluir en tu agenda el tiempo suficiente para dormir, porque un sueño profundo y reparador te ayuda a almacenar la información adecuadamente en la memoria a largo plazo. Quedarte toda la noche estudiando no es emplear bien el tiempo, y hacer un examen estando agotado no es la mejor estrategia para aprobarlo.

# CÓMO HAN DE PLANIFICAR EL TIEMPO LOS PADRES

Los padres han de hacer verdaderos malabarismos para planificar el tiempo. Cuando tienes hijos se dan en tu vida tres ciclos simultáneos: el del colegio, el del trabajo y el de la familia, y cada uno hace a veces exigencias a los otros y entra incluso en conflicto con ellos.

## Pasando más tiempo con tus hijos

Cuando andas justo de tiempo el rato que dedicas a tus hijos es a menudo el primero que recortas. Sin embargo, lo que ellos más desean —y necesitan— es que pases un tiempo con ellos. Los estudios realizados en distintas partes del mundo reflejan los comentarios de Barbara Moses, experta en planificar la carrera: «La falta de tiempo que sufre la sociedad norteamericana no sólo afecta a los adultos que trabajan, sino que los niños también la padecen al verse privados del importante tiempo que pasan con sus padres».

Los niños no quieren regalos, sino nuestra presencia. Solemos olvidarnos de los juguetes y los regalos que recibimos en la infancia, en cambio muchos de nuestros mejores recuerdos consisten en los buenos ratos que pasamos asistiendo a un partido de fútbol, saliendo de excursión o paseando por el parque con nuestros padres. Piensa en el mes anterior y calcula sinceramente cuánto tiempo has pasado con tus hijos. Suma el total de horas y divídelas para averiguar cuánto tiempo has estado cada día con ellos. Ahora que conoces la cantidad de horas, analiza la calidad de ese tiempo. Por ejemplo, si estás en casa con tus hijos y ellos se pasan la mayor parte del tiempo en su habitación viendo la tele, podría decirse que ese tiempo que has estado con ellos no es de calidad. Una forma sencilla y eficaz de resolver este problema sería sacar la tele del dormitorio de tus hijos y elegir un lugar de la casa donde todos la podáis ver juntos, para que esta actividad sea una actividad familiar.

Hay muchas otras formas de aumentar la cantidad y la calidad del tiempo que pasas con ellos. Si económicamente puedes permitírtelo, trabajar a tiempo parcial es una buena idea para conseguirlo, o si tú y tu pareja necesitáis trabajar, intenta encontrar un trabajo con un horario distinto al suyo, para que cuando los niños estén en casa, el uno o el otro podáis estar con ellos. También podéis reservar una noche a la semana como «La noche de diversión familiar» (pero has de respetarla y

no dejar que otros compromisos la estropeen, si no decepcionarías enormemente a tus hijos). O organizar una fiesta pijama en la que toda la familia pase el día en pijama y se dedique a leer, jugar o simplemente a holgazanear.

Otra buena idea para divertiros, pasároslo bien y manteneros al mismo tiempo en forma, es salir juntos a dar un paseo, correr, jugar al fútbol o practicar alguna otra clase de deporte. También puedes hacer que tus hijos se impliquen más en el cuidado de la casa ayudándote en las tareas domésticas al preparar, por ejemplo, las comidas. Siempre que sea posible, comed juntos: los estudios han demostrado que la frecuencia de las cenas familiares es el sistema más exacto para prever el buen rendimiento escolar y el bienestar psicológico de los niños.

## Ahorra tiempo en una emergencia: en casa

Prepararte por si ocurriera una emergencia te ahorrará un tiempo muy valioso cuando éste es vital. Al afrontar una situación estresante, es fácil no saber qué hacer, por eso es importante guardar en un determinado lugar de la casa que os quede a mano, una lista de teléfonos y direcciones. Enseña a tus hijos a hacer una llamada de emergencia. Asegúrate de incluir vuestra dirección en la lista por si un amigo o pariente que hubiera ido a veros tuviese que hacer una llamada de emergencia en vuestro nombre.

Los teléfonos básicos que debes incluir son:
- Policía, bomberos y ambulancia
- El teléfono del lugar de trabajo de mamá • El móvil de mamá
- El teléfono del lugar de trabajo de papá • El móvil de papá
- El teléfono de los abuelos • Otros teléfonos de familiares
- Hospitales locales • Teléfonos de vecinos • Teléfonos de amigos íntimos

# Crea un «centro de mando»

**Cada familia necesita un «centro de mando» y el calendario familiar es una gran herramienta en él. Este ejercicio te muestra cómo establecerlo y dirigirlo.**

**1.** Establece una área de la cocina para que sea el centro de comunicación. En este lugar conservarás tu calendario básico (véase el paso 2), un bloc de notas y un bolígrafo para anotar los mensajes telefónicos, una lista con los teléfonos más importantes por si hubiera alguna emergencia (véase el recuadro de p. 136) y una carpeta para cada uno de tus hijos, de ese modo podrán guardar en ellas la información del colegio y de cualquier actividad que hagan.

**2.** Imprime o adquiere un calendario (que muestre un mes por página) e insértalo en una carpeta de anillas. Será tu calendario básico para el año, en él puedes escribir cualquier fecha importante.

**3.** Imprime o adquiere un calendario de mayor tamaño que muestre tanto el mes actual como el siguiente, y cuélgalo en la pared de tu centro de comunicación, para que todos los miembros de la familia puedan leerlo. Utilizando tu calendario básico, transfiere luego toda la información del mes actual y de los meses siguientes al calendario de pared. (Pide a tus hijos que te ayuden, es una tarea que a muchos niños en edad escolar les encanta).

**4.** Incluye, junto con las actividades y los compromisos de cada uno, las fechas en las que tú o tu pareja estaréis fuera y cualquier cambio en el programa habitual.

**5.** Consulta cada noche en el calendario las actividades del día siguiente y anima a tus hijos a hacerlo también marcando en él algunos premios sorpresa, como llevarlos al cine o a comer fuera un domingo.

### La separación y el divorcio

Cuando los padres viven en distintos hogares planificar el tiempo es todavía más difícil porque los hijos necesitan pasar un tiempo con la madre y otro con el padre. Si la comunicación con tu ex pareja es buena, podéis crear un programa por teléfono al inicio de cada mes. Y hacer que tu hijo al ir a visitar a su padre (o a su madre) le lleve un programa de lo previsto para el mes, así os dará a ti y a tu ex pareja la oportunidad de estar al corriente y de recordar las fechas en las que hay alguna actividad. Algunas familias utilizan también los calendarios interactivos de la red, este método os permitirá tanto a ti como a tu ex pareja conocer el programa.

### El valor del tiempo sin programar

La vida moderna presiona a los padres para que lleven a sus hijos a hacer toda clase de actividades extraescolares, como deportes, danza y música. Esta presión social ha creado la «hipermamá» o el «hiperpapá», los cuales llenan tanto la agenda de sus hijos que éstos acaban padeciendo *burnout*. En lugar de seguir con este hábito, intenta volver a descubrir el valor del tiempo sin programar y hacer que tus hijos gocen de un tiempo para relajarse, soñar despiertos y jugar al aire libre.

Una buena forma de evitar programarles demasiadas actividades es dejarles hacer sólo una por categoría. Por ejemplo, practicar un determinado deporte conlleva normalmente dos entrenamientos y un partido a la semana, un ejercicio físico que es suficiente para casi cualquier niño. Reserva un tiempo cada semana para hacer actividades no planeadas con tus hijos. Dales tres opciones que incluyan oportunidades para hablar e interactuar y deja que elijan la que prefieran (pero prohíbe en ellas los juguetes electrónicos). También puedes pedir a los maestros que una noche a la semana o un fin de semana al mes no les pongan deberes. ¡En esta ocasión tus hijos te brindarán todo su apoyo!

# Consejos para planificar el tiempo familiar

- Conseguir que toda la familia esté lista para salir por la mañana puede ser uno de los momentos más estresantes del día. Prepara las máximas cosas posibles la noche anterior: empaqueta los almuerzos y organiza la ropa y las mochilas.

- Enseña a tus hijos a prepararse el desayuno durante la semana escolar. Deja sobre la mesa, la noche anterior, los productos para ello que no se estropeen y los utensilios necesarios. Asegúrate de que los niños metan los platos sucios en el lavavajillas y recojan la mesa después de hacerse el desayuno.

- Da a cada uno de tus hijos una cesta de mimbre o de plástico para que guarden sus gorros, guantes y bufandas en ellas. Deja las cestas en el recibidor o en el armario que está junto a la puerta de entrada.

- Enseña a tus hijos a clasificar la ropa para la colada utilizando cestas de distintos colores: la blanca es para la ropa blanca, la de color azul marino para la de color oscuro y la roja para los otros colores. Así la ropa para la colada estará ya clasificada.

- Establece y mantén (lo máximo posible) unas rutinas para las comidas, las tareas domésticas y los recados. Limpia un día y ve a hacer las compras otro. Pide a tu pareja que se quede con los niños mientras tú vas a comprar y viceversa, de esta forma compartiréis la diversión y las tareas domésticas.

- Sé menos exigente con las cosas poco importantes, a nadie le importa si pasas la aspiradora cada quince días en vez de semanalmente. Elabora tu propio pan sólo si es una actividad familiar, de no ser así es más práctico que lo compres en la panadería. Resístete al impulso de hacerlo todo tú: recurre a tu escuadrón cuando lo necesites.

- Crea una bandeja de «entrada» y otra de «salida» para que cada uno de tus hijos deje en ellas los papeles que se han de rellenar, firmar o devolver al colegio.

- Paga las facturas desde la red. Te ahorrarás un montón de tiempo y además puedes hacerlo cómodamente en casa cuando más te convenga.

- Mantened una breve reunión familiar cada fin de semana a una hora que os vaya bien a todos para preparar la siguiente semana.

# TRABAJAR EN CASA

Trabajar en casa, tanto si eres un autónomo como el empleado de una compañía, es un fenómeno en alza que ha sido posible gracias a la tecnología moderna. Las estadísticas revelan que las personas que trabajan en casa piensan que su mayor ventaja es la flexibilidad de horarios y su mayor obstáculo el administar bien el tiempo.

Crea un programa dividiendo tu trabajo en dos grupos de actividades: los proyectos y las tareas de rutina. Trabaja en los proyectos cuando rindas mejor, te resulte más fácil concentrarte y tiendas menos a distraerte. Y haz las tareas de rutina —como devolver las llamadas telefónicas, archivar los papeles y enviar los materiales de marketing— cuando tu energía mental esté más baja.

Si trabajas en casa, te será muy útil planear la semana. Para planificar bien tu tiempo lo mejor es crear una lista de las principales actividades que debes hacer y dividirlas en medios días. He aquí un ejemplo del programa semanal de trabajo:

Lunes por la mañana:          Trabajar en el proyecto

Lunes por la tarde: Conseguir dos nuevos clientes

Miércoles por la mañana: Trabajar en el proyecto

Miércoles por la tarde: Buscar información y contactos en la red

Viernes por la mañana: Economía

Viernes por la tarde: Organizar, archivar, ordenar

Este método te permite reservar los martes y los jueves para las reuniones que se realizan fuera de tu casa y aporta variedad a tu semana laboral.

Para trabajar eficazmente en casa debes ser disciplinado. Haz un con-

trato contigo mismo y oblígate a estar ante el escritorio unas determinadas horas del día, establece un horario de trabajo y respétalo. También resulta muy práctico saber en cada momento la hora dejando en el escritorio un reloj claro y visible en tu campo de visión. No obstante, asegúrate
de tomarte unos descansos con regularidad, es importante hacerlo tanto
en casa como si trabajas fuera de ella. Levántate de la silla durante bre-
ves espacios de tiempo. Trabajar en exceso no es productivo y puede acabar convirtiéndose en una adicción (véanse pp. 44-49), que es perjudicial
para tu salud y bienestar, para las relaciones familiares e incluso para tu
negocio.

Cuando trabajas en casa estás expuesto a un sinfín de distracciones: desde los niños y el perro, hasta la nevera y la televisión. Además al trabajar en ella siempre tienes presente todas las tareas domésticas que te quedan por hacer. A continuación encontrarás cuatro de las distracciones más corrientes con las que se encuentran los que trabajan en casa y algunos consejos para evitarlas:

**La cocina:** Poder ir a la nevera es una distracción demasiado tentadora para todos. Intenta respetar el horario en que haces un descanso para ir a la cocina y prepararte un café y también aquel en el que almuerzas. Deja una jarra llena de agua y un vaso sobre el escritorio para evitar levantarte innecesariamente. Conserva en tu despacho una pequeña nevera con productos sanos como frutas y ensaladas por si te apetece tomar algo ligero.

**La televisión**: si en medio de tu jornada laboral dan tu programa favorito, grábalo y míralo por la noche o en el fin de semana. Sin embargo, si no puedes resistir mirarlo, prográmatelo en la agenda y haz, mientras lo ves, un poco de ejercicio o de estiramientos, así evitarás sentirte culpable por no trabajar y al mismo tiempo te sentirás mejor al hacer algo positivo para ti.

> «Los que peor aprovechan el tiempo son los primeros en quejarse de ir cortos de él.»
>
> **JEAN DE LA BRUYÈRE (1645-1696)**

**La familia y los amigos:** es muy difícil poder trabajar en casa con los hijos pequeños a tu alrededor. La mejor solución es pedir a una amiga o a un miembro de tu familia que se ocupe de ellos, lo ideal es que los lleven a jugar a un parque. Si esto no es posible, plantéate contratar una canguro a tiempo parcial en las horas punta de tus actividades, como cuando has de llamar por teléfono a los clientes o estás trabajando en un proyecto con el tiempo justo.

A veces la familia y los amigos suponen que si estás en casa significa que en realidad no estás trabajando. Si te van a ver a menudo y alteran tu día de trabajo, sé sincero y diles de una forma amistosa aunque con firmeza que ahora no tienes tiempo para charlar, y que podéis quedar más tarde para cenar o tomar un té. Cuelga un letrero en la puerta del despacho que ponga «No molestar» para evitar las interrupciones innecesarias. (Cuélgalo en la puerta de tu casa si la familia y los amigos siguen pasando a verte mientras estás trabajando.)

Un identificador de llamadas es una herramienta ideal para saber quién te llama. Puedes devolver las llamadas en la hora del almuerzo o al final del día, tal como harías si trabajaras fuera de casa. O pedir a algún miembro de tu familia que responda las personales mientras estás trabajando. Pídele que diga a los que llaman que ahora no puedes ponerte porque estás ocupado y que anote los mensajes que dejen para poder devolverles tú la llamada más tarde.

**Las tareas domésticas:** es sorprendente lo interesante que puede ser hacer la colada cuando has de realizar un trabajo importante ¡y no te apetece hacerlo! Una forma de evitar esta clase de distracciones es hacer las tareas domésticas a unas determinadas horas del día, dedicando una hora y media a limpiar la casa o a hacer la colada en un momento del día en que tu energía para trabajar esté baja. O establece un programa que incluya limpiar una habitación al día. Algunas tareas domésticas son vigorizantes y si sigues el programa semanal que te has creado, podrás hacerlo todo sin caer en la tentación de realizar demasiadas cosas de un tirón.

Separa el trabajo y el hogar cerrando cada día la puerta del despacho cuando acabes de trabajar. Si no tienes un despacho, apaga el ordenador y guarda los materiales de trabajo. Aunque muchas personas crean que si trabajan en casa podrán pasar más tiempo con la familia, en realidad suele ocurrir lo contrario, han de trabajar más horas que los que lo hacen fuera de ella.

# CÓMO HAN DE PLANIFICAR EL TIEMPO LAS PERSONAS CREATIVAS

Nuestro cerebro está dividido en dos hemisferios, el izquierdo y el derecho, y cada hemisferio se especializa en un modo de pensar. Las aptitudes del hemisferio izquierdo incluyen el pensamiento analítico, la lectura, la escritura y la capacidad matemática. El hemisferio derecho se concentra en cambio en las habilidades no verbales: en la capacidad visual, perceptiva, espacial e intuitiva. El hemisferio izquierdo procesa la información en una secuencia, en cambio el derecho sintetiza la información como un todo.

Se considera que las personas creativas utilizan más el «hemisferio derecho» y que suelen evitar el enfoque analítico de los sistemas para planificar el tiempo. A continuación encontrarás algunos de los falsos mitos más comunes que existen sobre la creatividad y la planificación del tiempo y algunas sugerencias para superarlos.

### «Intentar controlar el tiempo que empleo anula mi creatividad y me produce ansiedad.»

Es una falsa idea muy corriente, porque si te reservas un tiempo para trabajar de manera creativa, te sentirás en paz contigo mismo y tendrás libertad para concentrarte al cien por cien en tu creatividad.

Tiene sentido reservarte un tiempo para poder concentrarte y hacer lo que te gusta. Prueba de hacerlo un día sí y otro no, o incluso una semana sí y otra no. Mientras no estés trabajando, lleva contigo una libretita para anotar las ideas creativas que se te ocurran. Si se trata de cortos espacios de tiempo, sácate el reloj de pulsera y cualquier reloj que tengas a la vista y activa en otra habitación la alarma de un despertador para saber cuándo ha finalizado el tiempo disponible. De esta forma no te distraerás.

### «Prefiero esperar hasta que me siento inspirado antes de entrar en mi "espacio creativo".»

Esta forma de actuar es un lujo que pocos pueden permitirse: la mayoría de artistas, músicos y escritores famosos hacen «acto de presencia» y se ponen a trabajar al margen de cómo se sientan. Intenta establecer una rutina y úsala para hacer la transición al trabajo. Por ejemplo, primero puedes tomarte un té, ponerte tu camiseta favorita y después reunir el material que necesitas para trabajar. Descubre alguna rutina que te funcione y utilízala cada vez que desees entrar en tu espacio creativo.

### «Como soy una persona creativa, no necesito fijarme objetivos, prefiero dejarme llevar y ver qué ocurre.»

A no ser que seas tan rico que no necesites trabajar, has de tener algún objetivo para poder ganarte la vida. Si te la ganas con un trabajo creativo porque eres escritor, ilustrador, pintor o músico, ten presente tu visión para seguir motivado, así podrás alcanzar tus objetivos. Al volver a conectar con lo que te apasiona te sentirás enseguida inspirado.

### «Cuando más creativo soy es cuando me siento presionado por una fecha tope.»

En realidad, los estudios demuestran que ocurre todo lo contrario, las personas creativas cuanto más presionadas se sienten por la falta de tiempo, menos creativas son. Y este problema aumenta cuando se distraen con tareas rutinarias, con cambios repentinos de planes o si no sienten que el trabajo que están haciendo es importante. La creatividad puede prosperar con la presión de la falta de tiempo, pero sólo si hay una sensación compartida de estar trabajando en algo positivo y si todos los implicados pueden concentrar su energía sin interrupciones. Si formas parte de un equipo y no estás seguro del objetivo por el que estás trabajando, pide que te lo aclaren. Ver con claridad cuál es tu objetivo te ayudará a no perderlo de vista. Protege tu tiempo creativo de las distracciones e interrupciones (véanse pp. 142-143) y, si es posible, busca un sitio lejos del lugar de trabajo donde puedas terminar tu proyecto en paz.

**«En parte ser creativo consiste en trabajar solo, en no tener que rendir cuentas a nadie del tiempo empleado.»**
Todos hemos de rendir cuentas a alguien para poder crecer y desarrollarnos. Intenta comprometerte con un compañero de trabajo a acabar la tarea en un determinado plazo de tiempo. O queda, por ejemplo, con los compañeros de la clase de arte, en que crearás una determinada obra de arte y la llevarás la próxima vez que os reunáis.

## Haz un cuadro sinóptico semanal de «Lo que debo hacer»

Si no te gusta escribir la lista de «Lo que debo hacer», ¿por qué no elaboras en su lugar una programa original y vistoso? Para ello necesitarás una cartulina y varios bolígrafos de colores.

Para crear un cuadro sinóptico semanal de «Lo que debo hacer», empieza dibujando en medio de la cartulina siete grandes flechas, cada una de distinto color, apuntando hacia un círculo. Adjudica a cada una de ellas un distinto día de la semana. Escribe después junto a cada flecha, con el mismo color que has elegido para representarla, la tarea del día. O, si lo prefieres, dibuja pequeñas imágenes de las tareas en lugar de escribirlas. Repite este proceso hasta que hayas hecho tu programa semanal. A medida que la semana progrese, ve actualizándolo y añadiendo nuevos elementos o ideas.

# Aprovecha tu tiempo creativo

**Si apenas te queda tiempo para tus actividades creativas, este ejercicio te ayudará a aprovechar cada valioso minuto que tengas creando tu propio espacio artístico portátil.**

**1.** Algunas actividades creativas, como escribir, pintar y dibujar, se pueden realizar en cualquier lugar sin ningún problema. El secreto para aprovechar tu tiempo creativo al máximo es tener el kit preparado y listo para usar en cuanto te llegue la inspiración.

**2.** Si te gusta escribir, incluye lo siguiente en el kit: un bloc de notas, una lista de preguntas que te induzcan a escribir, una pequeña colección de tus citas favoritas escritas en tarjetitas, tus herramientas de escritura favoritas (un rotulador, un lápiz, una pluma y un marcador o alguna otra clase de artículos parecidos). Adquiere una económica carpeta de tres anillas y divídela en secciones utilizando separadores de plástico transparente con una bolsita para guardar en ella las citas, el bloc y otros objetos. Otra opción portátil consiste en guardar tus objetos de escritura en una cajita o en una bolsa para poder meterlos fácilmente en la cartera cuando vayas a la oficina o para llevarlos tal cual.

**3.** Si te gusta pintar o dibujar, puedes planear cuidadosamente el kit de arte portátil para no haber de cargar con todo el estudio. Plantéate adquirir un portafolios de plástico que puedas llevar colgado del hombro para guardar las hojas de papel, el bloc de dibujo, los bolígrafos, los lápices, los lápices pastel, las pinturas y los pinceles. O si no otra buena idea es adquirir un maletín equipado con ruedecitas (como los que se usan para transportar un ordenador).

# CÓMO PLANIFICAR EL TIEMPO EN LA JUBILACIÓN

¿En qué piensas al oír la palabra «jubilación»? ¿En tener tiempo libre? ¿En viajar por todo el mundo? ¿En una mecedora? ¿Consideras la jubilación como una etapa de la vida en la que podrás hacer todo cuanto desees con tu tiempo? Sea cual sea la idea que tengas de ella, lo que sí es seguro es que la jubilación conlleva muchos cambios: en el estilo de vida, en las relaciones y en la imagen que tienes de ti. Ya no hay una edad «típica» para jubilarse, en la actualidad muchas personas siguen trabajando

al cumplir los 65, viven más tiempo y llevan una vida más activa. Prepara tu jubilación respondiendo a las siguientes preguntas: ¿Qué es lo que estoy deseando hacer cuando me retire? ¿Qué miedos me provoca esta etapa de la vida?

Al jubilarte seguramente experimentarás algunos altibajos emocionales. Es el momento de concentrarte en ti para adaptarte al cambio, para pasar un tiempo con la familia y los amigos y hacer lo que te apetezca. La jubilación puede ser también una época de pérdidas: al perder la sensación de estar sujeto a unas normas y a la rutina, al sentirte solo porque echas en falta la camaradería de los compañeros de trabajo y al no poder identificarte con tu trabajo, el cual te daba sin duda un cierto prestigio.

### La jubilación paso a paso

**Mentalízate para la jubilación:** ve preparándola disminuyendo poco a poco la cantidad de horas laborables trabajando a tiempo parcial durante los últimos dos o tres años antes de jubilarte, de esta manera te acostumbrarás a tener más tiempo libre. Algunas personas vuelven a trabajar para sus antiguos jefes como asesores si se les presenta esta oportunidad.

**Baja el ritmo:** plantéate tomarte unas vacaciones —tanto si son de un mes como de un año— unos años antes de jubilarte. Habrás de planearlas con antelación para ahorrar el suficiente dinero como para poder vivir todo ese tiempo sin tener que trabajar. Utiliza esas vacaciones para probar nuevas actividades, hacer cosas que te interesen, viajar y entablar nuevas amistades. Al controlar cómo empleas el tiempo, te harás una idea de tus virtudes y defectos.

**Cambia tu actitud hacia el trabajo:** a algunas personas les cuesta aprender a relajarse y a bajar el ritmo. Si sólo te defines a través de tu trabajo o si eres un adicto a él, la perspectiva de la jubilación te dará miedo.

**Equilibra tu tiempo con cinco clases de actividades:** si deseas dejar por completo de trabajar, tendrás muchas opciones sobre cómo emplear tu tiempo. En cuanto hayas terminado de hacer las tareas y los recados personales, te quedará «tiempo libre». Intenta llevar una vida multifacética dividiendo tu tiempo en cinco clases de actividades: social, intelectual, espiritual, física y comunitaria. De esta forma tu vida será variada y al mismo tiempo evitarás hacer demasiadas cosas o demasiado pocas.

**Actividades sociales:** elige unas actividades que te mantengan conectado a la familia y a los antiguos compañeros de trabajo. Durante la jubilación las relaciones pueden cambiar o finalizar, o sea que aprovecha las oportunidades que tengas para hacer nuevas amistades e intenta además conservar las antiguas. Puedes formar parte de un club de lectura, del grupo de una iglesia, de un coro o de un equipo deportivo.

**Actividades intelectuales:** los estímulos y los progresos mentales te ayudarán a permanecer activo y motivado. Estudiar, leer, asistir a cursos o impartirlos y discutir en grupo fomenta la actividad mental. Leer el periódico y las revistas, aprender un nuevo idioma (sobre todo si piensas viajar) y escribir un diario son unas maravillosas formas de ejercitar el cerebro.

«No basta con trabajar como hormigas.»

**HENRY DAVID THOREAU (1817-1862)**

**Actividades espirituales:** enriquécete para dar sentido a tu vida. Estudia las religiones más importantes del mundo, visita distintos centros espirituales, aprende a meditar o haz un retiro en un fin de semana para analizar tus valores y creencias.

**Actividades físicas:** hacer ejercicio es importante para tu bienestar y ahora ya no puedes poner como excusa la falta de tiempo. Incluye en tus actividades semanales habituales hacer con regularidad algún tipo de ejercicio físico, como caminar, correr, ir de excursión, esquiar, ir en bicicleta o nadar.

# Planea
# tu jubilación

**La mayoría de nosotros estamos tan ocupados trabajando que no pensamos en qué nos ocurrirá cuando nos jubilemos. Planear cómo deseas que sea tu jubilación te ayudará a prepararte y a hacer la transición con más suavidad.**

**1.** Adquiere un diario para anotar en él tus ideas sobre cómo sería la jubilación perfecta para ti. Úsalo para escribir tus pensamientos, analizar tus sentimientos y hacerte preguntas sobre la jubilación.

**2.** Titula la primera página: «Las cosas que siempre deseé pero que no pude hacer por falta de tiempo» y escribe una lista de todas las actividades que se te ocurran. (O, si lo prefieres, dibújalas en lugar de escribirlas.) Anota luego, junto a cada una de ellas, por qué te gustaría hacerlas y, si es posible, fíjate una fecha para realizarlas.

**3.** Titula la segunda página: «Cuando soy más feliz es...» y escribe una lista de las cosas que te encanta hacer. Escribe por qué te gustan.

**4.** Titula la tercera página: «Las cosas que nunca más quiero volver a hacer» y escribe una lista de las actividades que no deseas realizar nunca más.

**5.** Escribe, utilizando todas las notas y listas que has hecho, una descripción de tu jubilación: desde dónde te gustaría vivir, hasta en qué desearías emplear tu tiempo.

**6.** Ve repasando y actualizando poco a poco tu descripción a medida que vayas acercándote a la etapa de la jubilación.

**Actividades comunitarias:** busca cualquier oportunidad para compartir los conocimientos y experiencias que has adquirido en la vida trabajando como voluntario. Es importante sentir que podemos ayudar a los demás. Enseña a leer a los niños en edad preescolar de la escuela de tu barrio, enseña a jóvenes de las zonas urbanas deprimidas a escribir o lleva en coche a algún anciano a la visita que haya concertado con el médico, puedes hacer una infinidad de cosas.

## La jubilación y la actualización de uno mismo

Según el psicólogo Abraham Maslow (1908-1970), la actualización de uno mismo consiste en el proceso de manifestar todo nuestro potencial, y ¿acaso hay una mejor época para hacerlo que la de la jubilación? Las personas que se han actualizado a sí mismas tienen unas determinadas características, las principales son las que se enumeran a continuación. ¿Cuáles de ellas se aplican a ti?

- Soy espontáneo en mis pensamientos y acciones.
- Me acepto a mí mismo y a los demás.
- Me siento conectado y vinculado a los demás.
- Valoro mi individualidad.
- Soy autosuficiente.
- Me gusta pasar un tiempo solo.
- Tengo una misión en la vida.
- No me da miedo lo desconocido.
- Soy capaz de comprender la lección recibida en la mayor parte de las situaciones de la vida.
- Me siento vivo y disfruto de la vida.
- Me gusta hacer cosas que ayuden y beneficien a otros.
- Me gusta aprender cosas nuevas.

Cuantos más puntos se apliquen a ti, más actualizado estarás. Repasa las cinco clases de actividades de la página 150 y los consejos que se incluyen en la sección anterior para aprender a equilibrar más tu vida.

# Visualiza una jubilación positiva

**La visualización es una forma de meditación que te ayudará a que tu sueño de una jubilación positiva se haga realidad. Al visualizar una situación, estás creando una película mental que puedes evocar en cualquier momento y lugar.**

**1.** Coge el diario que has utilizado en el ejercicio 26 (p. 151) y busca un lugar cómodo y silencioso para sentarte en él: quizá una habitación tranquila de tu casa, tu lugar preferido del jardín o el parque del barrio.

**2.** Lee el diario concentrándote sobre todo en tu descripción de cómo sería para ti la jubilación perfecta. Lee esta parte varias veces.

**3.** Cierra los ojos, inspira profundamente y espira con lentitud. Deja que se disuelva la tensión de tu cuerpo e intenta relajarte por completo. Respira rítmicamente de esta forma durante varios minutos.

**4.** Piensa en la descripción que has hecho en tu diario sobre la perfecta jubilación y haz que cobre vida imaginándote que eres el protagonista de tu propia «película». Explora distintos escenarios. Imagina el lugar en el que te gustaría vivir, tu vida familiar, tus amigos, tus actividades físicas e intelectuales, y cómo vives el objetivo de tu vida. Visualízalo con todos tus sentidos: percibe los maravillosos colores de las flores, escucha las voces de tus nietos, siente el suave pelaje de tu gato, aspira el aroma del pan que estás horneando, saborea la deliciosa comida que tomas en un restaurante y otras delicias por el estilo.

**5.** Repite la visualización tan a menudo como desees. Evocar una imagen mental de cómo es para ti la jubilación ideal te ayudará a hacerla realidad.

# CONCLUSIÓN

Ahora que ya has leído el libro, espero que percibas cómo tu vida va a ser distinta una vez aprendas a controlar tu tiempo. ¿Qué sensación te produciría saber que tienes tiempo para hacer aquello que es importante para ti? ¿Que estás trabajando para alcanzar tus objetivos? ¿Que dispones de tiempo para estar con la familia y los amigos? Imagina una vida con menos estrés y miedo, y con más satisfacción y alegría. Eso es lo que puedes obtener al aprender a planificar tu tiempo.

Espero que utilices esta obra como una referencia para organizar bien tu tiempo y tu vida y organizarte a ti. Elige un método para planificar el tiempo que se adapte a tus necesidades, que sea sencillo de utilizar y que encaje fácilmente en tu vida. Los estudios revelan que los que triunfan hacen todo lo posible por alcanzar sus objetivos y los tienen presentes anotándolos. Emplea los ejercicios del libro para hacer lo mismo y aprovecha las plantillas gratuitas que encontrarás en mi página web (www.lucymacdonald.com). Sólo has de descargártelas e imprimirlas.

Ahora que ya dispones de las herramientas y las técnicas necesarias, ¿por qué no dar un paso más y comprometerte a administrar tu tiempo lo mejor posible? Intenta que este objetivo forme parte de manera natural de tu vida cotidiana hasta el punto que programar tu tiempo se convierta en algo tan necesario como cepillarte los dientes. Pide a un amigo o a un compañero de trabajo si desea ser tu mentor en este aspecto para que así sigas motivado y lo pongas en práctica.

Ten en cuenta, sin embargo, que todos nos sentimos abrumados y desanimados de vez en cuando. Cuando te ocurra a ti, tu vida se desequilibrará y descubrirás que te resulta imposible cumplir con algunas responsabilidades. Aunque en algunas ocasiones puede que esto te suceda por no haberte programado adecuadamente el tiempo. Por ejemplo, quizá lo administrabas bien cuando eras un estudiante, pero ahora que acabas de tener un hijo o un empleo, o ambas cosas, te resulta difícil lograrlo. Cuando veas que te ocurre, vuelve a leer las secciones del libro relacionadas con la actual etapa de tu vida. Después respira hondo, toma algunas decisiones sobre lo que puedes y lo que no puedes hacer, y vuelve a intentar programar tu vida de nuevo. No te desanimes, incluso los que triunfan tienen problemas en algún punto de sus vidas. Lo que marca la diferencia es tener la resistencia suficiente para superar las dificultades y el deseo de empezar de nuevo. Después de todo, si lo has hecho una vez, significa que puedes volver a lograrlo.

Protege con energía tu tiempo y defiende tu derecho a emplearlo en lo que sea más positivo para ti y tu familia. Recuerda que tu legado personal depende de cómo emplees el tiempo hoy, mañana y los siguientes días. Aprovecha siempre, tengas la edad que tengas, cada minuto de tu vida, ya que el tiempo pasa volando. Sé consciente del presente, cada día, porque es tu tiempo y tu vida. Tú eres el que decides cómo vas a emplearlo. Así que empieza a programar tu tiempo a partir de hoy para gozar de él en el sentido literal de la palabra.

# BIBLIOGRAFÍA

**Allen, David** Getting Things Done: The Art of Stress-Free Productivity, Penguin Books (London and New York), 2003

**Barnes, Emilie** More Hours in My Day, Harvest House (Eugene, Oregon), 2002

**Allen, David,** Organízate con eficacia: máxima productividad personal sin estrés, Empresa activa, Barcelona, 2002.

**Barnes, Emilie,** More Hours in My Day, Harvest House, Eugene, Oregon, 2002.

**Bennett, Arnold,** How to Live on 24 Hours a Day, Shambling Gate Press, Hyattsville, Maryland, 2001.

**Covey, Stephen R., A. Roger Merrill y Rebecca R. Merrill,** Primero, lo primero: reflexiones diarias: porque lo importante es saber dónde se va y no cuán deprisa se llega, Paidós, Barcelona, 1999.

**Eisenberg, Ronni y Kate Kelly,** The Overwhelmed Person's Guide to Time Management, Plume, Nueva York, 1997.

**Emmett, Rita,** ¡Hágalo ya! manual del postergador: cómo abordar con éxito las tareas de cada día e impedir que se nos amontonen, Anaya, Madrid, 2002.

**Fiore, Neil,** The Now Habit, Tarcher, Nueva York, 2002.

**Hindel, Tim y Robert Heller,** Essential Managers: Managing Meetings, DK Publishing Inc., Londres y Nueva York, 1999.

**Kennedy, Dan,** No B. S. Time Management for Entrepreneurs: The Ultimate No Holds Barred, Kick Butt, Take No Prisioners Guide to Time Productivity and Sanity, Entrepreneur Press, Dallas, Tejas, 2004.

**MacKenzie, R. Alec,** The Time Trap: The Classic Book on Time Management, American Management Association, Nueva York, 1997.

**Merrill, A,** Life Matters: Creating a Dynamic Balance of Work, Family, Time and Money, McGraw-Hill Canada, Whitby, Ontario, 2004.

**Morgenstern, Julie,** Time Management from the Inside Out: the Foolproof System of Taking Control of Your Schedule and Your Life, Henry Holt & Company Inc., Nueva York, 2000.

**Nakone, Lanna,** Organizing for Your Brain Type: Finding Your Own Solution to Managing Time, Paper, and Stuff, St. Martin's Press, Nueva York, 2005.

**Reno, Dawn E.,** The Unofficial Guide to Managing Time, John Wiley & Sons, Nueva York, 2000.

**Roesch, Roberta,** Time Management for Busy People, McGraw-Hill, Nueva York, 1998.

**Silber, Lee,** Time Management for the Creative Person: Right-brain Strategies for Stopping Procastination, Getting Control of the Clock and Calendar, and Freeing Up Your Time, and Your Life, Three Rivers Press, Nueva York, 1998.

**Staubus, Martin,** Time Management: Increase Your Personal Productivity and Effectiveness, Havard Business School Press, Boston, 2005.

**Tracey, Brian,** Time Power: A Proven System for Getting More Done in Less Time Than You Ever Thought Possible, AMACOM, Nueva York, 2004.

**Winston, Stephanie,** Organizarse para alcanzar el éxito: los secretos de los directivos que triunfan, Empresa Activa, Barcelona, 2005.

# ÍNDICE ANALÍTICO

160

## ESTUDIOS Y ARTÍCULOS

Los estudios y artículos citados en esta obra son los siguientes: **p. 84** estudio del Instituto de Almacenamiento de Datos norteamericano, 2002; **p. 88** estudio de la Universidad de California (Berkeley), 2002; **p. 105** Waddington, P., *Dying for Information,* Reuters Business Information, 1996; **p. 107a** Mosvick, R. & R. Nelson, *We've got to start meeting like this!* Scott Foresman, 1987; **p. 107b** Romano Jr., Nicholas C. y Jay F. Nunamaker Jr., «Meeting Analysis: Findings from Research and Practice», 34th Hawaii International Conference on System Sciences, 2001; **p. 130a** McCown, W. G. y R. Roberts, «A study of academic and work-related dysfunctioning relevant to the college version of an indirect measure of impulsive behaviour», Integra Technical Paper, págs. 94-98, Radnor, 1984; **p. 130b** Solomon, L. J. y E. D. Rothblum, «Academic Procastination: Frequency and Cognitive-behavioural Correlates», *Journal of Counseling Psychology,* 31, págs. 504-510, 1984; **p. 134** Moses, Barbara, *Career Intelligence: The New Rules for Work and Life Success,* Stoddart, 1997; **p. 136** Doherty, Dr. William J. y Barbara Z. Carlson, *Putting Family First: Successful Strategies for Reclaiming Family Life in a Hurry-up World,* Henry Holt, 2002.

## AGRADECIMIENTOS

Desearía dar las gracias a Duncan Baird Publishers y a Chronicle Books por haberme dado la oportunidad de escribir este libro. También me gustaría expresar mi más sincero agradecimiento a Naomi Waters, una editora sumamente competente, rigurosa y atenta.